COCINA MEDITERRANEA

EDICIÓN 2019

1001 Jugosas, Vibrantes y Deliciosas
Recetas para Vivir y Comer Bien Todos
los Días, Hoy y Mañana

3 Libros en 1 :

EL LIBRO COMPLETO DE COCINA
MEDITERRANEA EDICIÓN 2019 Vol. 1, 2, 3

Por

Alexa Riley Webster

1

EL LIBRO COMPLETO DE COCINA MEDITERRANEA
EDICIÓN 2019

Vol. 1

1001 Jugosas, Vibrantes y Deliciosas
Recetas para Vivir y Comer Bien Todos
los Días, Hoy y Mañana

Por

Alexa Riley Webster

Contenido

EL LIBRO COMPLETO DE COCINA MEDITERRANEA Vol. 3 335

Introducción

Una dieta que puede garantizar una buena salud es, sin duda, lo que todos necesitamos en estos días, especialmente una con contenido orgánico y recetas fáciles. Así es la dieta mediterránea, puede ofrecer una mezcla de todos los nutrientes en un solo menú, y ese equilibrio es lo que buscamos hoy en lo que respecta a nuestra alimentación y rutina. Con todos los ingredientes en proporción, podemos mantener nuestro metabolismo bajo control. Las personas se quedaron atrapadas en varios "si" y "peros" cuando se trata de seguir un plan de dieta específico; por lo tanto, es imprescindible tener una claridad total de la dieta que seguimos. La dieta mediterránea debido a su simplicidad hace que este proceso sea más fácil para todos; restringe el consumo de alimentos de una manera que no se siente mucha renuncia de tu comida regular. Altera nuestros hábitos alimenticios al introducir más verduras, frutas y granos en nuestra dieta y eliminar más alimentos procesados, azúcares de mesa y alimentos refinados. Recomienda más alimentos orgánicos y menos productos manufacturados. A través del texto de este libro, profundizaremos en los conceptos básicos de la dieta mediterránea, el origen de la dieta, sus beneficios, sus recomendaciones y, por último, varias de las recetas mediterráneas rápidas y fáciles de cocinar. En conjunto, todas las secciones de este libro proporcionarán un criterio para medir todos los estándares de la dieta mediterránea que muchos no conocen.

Las Bases de la Dieta Mediterránea

¿Qué es la Dieta Mediterránea?

La palabra Mediterráneo en sí refleja totalmente el origen de la dieta. La región que rodea el mar Mediterráneo tiene una cultura culinaria propia, y de allí surgió esta dieta. Países como Francia, España, Italia y Grecia rodean el mar Mediterráneo y comparten similitudes en sus tradiciones culinarias. El consumo de legumbres, nueces, verduras, frijoles, pescado, aves, cereales, granos integrales y grasas de origen vegetal siempre ha sido común en esta región. La buena salud de las personas que viven en esos lugares luego se convirtió en una inspiración para el mundo, y todos creían en la importancia de la dieta mediterránea. Desde entonces, la dieta ha sido utilizada por la mayoría de las personas en todo el mundo para tomar más Vitaminaas, fibras y nutrientes equilibrados en sus comidas y para mantener una buena salud. Esta dieta también está libre de colesterol malo, por lo que también es importante para prevenir y curar varias condiciones de salud.

La Base Científica de la Dieta Mediterránea.

El concepto de la dieta mediterránea se basa en un término simple "a base de plantas", todo a base de plantas tiene más valor en esta dieta, ya sean grasas, frutas, nueces o verduras. Para hacerlo todo más completo y enriquecido, los ingredientes de origen vegetal se combinan con algunos de los productos de origen animal como los mariscos, la carne y los productos lácteos. El equilibrio es la clave de todo esto, con la mente de limitar cada nutriente para crear la misma proporción que pueda alcanzar los objetivos de la dieta mediterránea. Esa es la razón por la que investigadores de todo el mundo lo han calificado como "La mejor", ya que está orientado a la salud pero es lo suficientemente simple como para que cualquiera pueda optar por su rutina.

Fueron los primeros estudios científicos sobre la dieta mediterránea y las personas que la siguieron lo que condujo a su mejor reconocimiento. Descubrieron que las personas que siguen esta dieta pueden resistir mejor los efectos del envejecimiento, problemas intestinales, enfermedades mentales, enfermedades cardiovasculares, problemas de la piel y trastornos genéticos. Dado que la comida tiene menos colesterol malo, un grupo de investigadores encontró que su contenido bajo en grasa es razonablemente beneficioso para todas las personas que sufren de colesterol alto, presión arterial alta y varias enfermedades del corazón. Esta dieta también ha sido vista como la más efectiva ya que extiende la expectativa promedio de las personas que viven en la región mediterránea. Por estas muchas razones, la dieta mediterránea es vista por muchos en el mundo como un camino hacia una excelente salud.

Beneficios para la salud de la dieta Mediterránea.

No es natural optar instantáneamente por alimentos sin conocer sus impactos reales en su cuerpo y mente. Es por eso que descubriremos todos los beneficios saludables de la Mediterránea para establecer su importancia. Dado que la Mediterránea no se denomina como cocina, sino que se afirma como una dieta, lo que significa que dibuja un mapa para alcanzar objetivos de salud específicos mediante la alteración de los hábitos alimenticios y el tipo de alimentos que comemos, es por eso que es solo para decir que la dieta mediterránea puede ayudarlo a alcanzar los siguientes objetivos relacionados con la salud:

1. Nivel Controlado de Colesterol en Sangre

Son las lipoproteínas de baja densidad o LDL las que obstruyen los vasos sanguíneos al crear una atasco. Por lo tanto, se denominan colesteroles malos. Todos estos colesteroles están presentes en grasas animales procesadas o grasas saturadas, la Mediterránea corta el uso de cualquiera de estos elementos que podrían contener LDL y, por lo tanto, resultó ser milagroso en la prevención de enfermedades como la presión arterial alta o el colesterol o trastornos cardíacos.

2. Previene Enfermedades Cardiovasculares

La dieta mediterránea funciona de diferentes maneras para prevenir enfermedades cardiovasculares y también ayuda a contener las enfermedades. En primer lugar, restringe el uso de grasas y su tipo, lo que da como resultado un flujo sanguíneo sin obstáculos en el cuerpo, lo que significa que no hay presión adicional sobre los músculos cardíacos. En segundo lugar, también fortalece el sistema vascular al proporcionarle proteínas esenciales y Vitaminaas y minerales necesarios que previenen el debilitamiento de las paredes y las válvulas del corazón. También regula la liberación de las hormonas en el cuerpo y el funcionamiento de las enzimas de manera equilibrada.

3. Tratamiento de cancer

Cáncer es una palabra que crea escalofríos en la columna cuando piensa en contraer la enfermedad. Las llamadas enfermedades incurables pueden prevenirse y, a veces, incluso tratarse con la dieta adecuada. Y no hay mejor dieta que la Mediterránea para prevenir tal condición. Las comidas ricas en frutas y verduras pueden proporcionar todos los desintoxicantes que previenen cualquier mutación en las células del cuerpo, que generalmente es la causa del cáncer. Esto apoya y fortalece el mecanismo del cuerpo tan bien, que sus ondas se desvían de cualquier influencia externa para alterar su química.

4. Reduce el riesgo de Alzheimer y Parkinson

Muchas personas han luchado contra el Parkinson y el Alzheimer a través de la dieta mediterránea. Esta dieta ha demostrado ser efectiva para normalizar las actividades cerebrales. Los nutrientes, Vitaminaas y minerales proporcionados a través de esta dieta ayudan a nutrir y las células cerebrales, que pueden revivir su funcionamiento normal. Su calidad de desintoxicación también crea un impacto para eliminar todos los agentes que dañan el cerebro del cuerpo. Desechos metabólicos se liberan del cuerpo.

5. Vitalidad

La vitalidad es el efecto comprobado de la dieta mediterránea. Con una cantidad proporcional de los nutrientes y la energía proporcionada a las células del cuerpo, su vida se prolonga. Pueden metabolizar activamente y vivir más tiempo que visual. Además, la dieta también está vinculada a todos los mecanismos del cuerpo, desde el cardiovascular hasta el intestino y el cerebro, su impacto positivo sobre todo esto es otro factor que promueve una vida larga y saludable.

Comer en la Dieta Mediterránea

¿Qué comer en una dieta Mediterránea?

Si bien en esta llamada era industrializada es difícil imaginar vivir sin alimentos fabricados o producidos en masa, de eso se trata la dieta mediterránea. Esta prescribe salud mediante el uso de alimentos naturales y orgánicos, que contienen principalmente ingredientes de origen vegetal, ya sean legumbres, granos, nueces, semillas, frutas y verduras. Abajo hay una lista completa de los elementos que se utilizan exclusivamente en una verdadera dieta mediterránea.

Artículos Alimenticios de Origen Vegetal

- Granos enteros
- Vegetales
- Frutas
- Legumbres
- Nueces
- Aceite de Canola
- Aceite de Oliva
- Aceite de Sésamo
- Aceite de Semilla de Uva

(Nota: Se deben evitar todas las grasas saturadas, lo cual incluye mantequilla y manteca, etc.)

Otros Artículos para usar

1. Hierbas secas o frescas
2. Todas las especias, enteras o molidas.
3. Harina integral, almendras o harina de coco.
4. Se puede usar carne magra pero solo dos veces por semana.
5. Buena cantidad de mariscos y pescados.

Preparando la Despensa con una dieta Mediterránea

Para comenzar con la dieta mediterránea, es esencial primero tomar una decisión, establecer el horario, comprar los alimentos orientados a la dieta y luego establecer su despensa y estantes de cocina con solo alimentos relacionados. Al eliminar los ingredientes no deseados de su cocina, podrá seguir su dieta fácilmente y con más consistencia. Es por eso que se prescribe seguir la siguiente lista de artículos esenciales para rellenar su cocina y refrigerador con la dieta mediterránea. Esta lista contiene solo frutas y verduras esenciales para darle una idea. Sin embargo, cualquier fruta y verdura pueden ser usados en esta dieta sin ninguna restricción.

Vegetales	Frutas	Hierbas y Especias	Carne	Granos
Alcachofas	Manzanas	Albahaca	Pollo	Cebada
Remolacha	Albaricoque	Hojas de Laurel	Pavo	Bulgur
Pimientos	Banano	Chiles	Carne de res sin grasa	Cuscús
Brócoli	Bayas	Cilantro	Almejas	Harina de Avena
Repollo	Higos	Cilantro	Bacalao	Pasta
Berenjena	Naranjas	Comino	Cangrejo	Polenta
Judías Verdes	Dátil	Menta	Salmón	Quinoa
Verduras de hoja verde	Ciruelas	Perejil	Vieiras	Arróz
Puerros	Limones	Romera	Camarón	
Aceitunas	Uvas	Sabia	Atún	
Calabaza	Melón	Estragón	Tilapia	
Chícharos	Duraznos	Orégano		
Tomates		Pimienta		
Ajo		Tomillo		
Zanahorias				
Cebollas				
Hongos				

Lácteos	Nueces y semillas	Aceites	Fríjoles
Queso	Almendras	Aceite de oliva	Frijoles negros
Leche baja en grasa	Anacardos	Aceite de aguacate	Garbanzos
Yogurt natural o griego	Linaza	Aceite de canola	Hummus
Huevos	Maní	Aceite de semilla de uva	Frijoles pintos
	Semillas de calabaza		Lentejas
	Semillas de girasol		Judías blancas
	Nueces		

¿Qué evitar en una dieta mediterránea?

Ya sea que esté cenando o cocinando en casa, hay ciertos ingredientes que no puede arriesgarse a consumir con la dieta mediterránea. Bueno, la dieta hace hincapié en qué comer, en lugar de en "qué no comer", pero hay ciertas restricciones que son esenciales a tener en cuenta, como evitar las grasas trans o grasas saturadas sólidas, no usar productos alcohólicos y evitar tomar productos lácteos altos en grasas. Del mismo modo, las harinas refinadas y procesadas tampoco se permiten abiertamente en una dieta mediterránea. En lugar de azúcares de mesa, los edulcorantes orgánicos como la miel, etc., deben usarse para mantener los ingredientes naturales y bajos en carbohidratos. Puede seguir estas pautas fácilmente cuando esté cocinando en casa, ya que puede configurar su despensa, pero es difícil mantenerse al día cuando ordena comida en un restaurante. Nunca se puede pedir una comida mediterránea perfecta. Sin embargo, ciertas formas pueden salvarlo de cruzar a la zona insegura, y esas son:

1. Cualquier cosa frita puede comprometer su salud, ya que no puedes estar seguro de la calidad de la grasa utilizada. Así que no pidas ningún artículo esté frito. En su lugar, opte por cosas al vapor, al horno o hervidas.

2. Siempre es más seguro pedir mariscos o aves de corral que pedir carne roja, ya que no todos los lugares usan carne magra de res, cordero o cerdo.

3. Si elige las comidas de carne de res o cerdo a la orden, pida porciones delgadas como solomillo magro, flancos o filetes. Estas piezas están libres de todo el exceso de grasa que puede ser perjudicial para la salud.

4. El aceite de origen vegetal es adecuado para la dieta mediterránea, por lo que cualquier salsa o salsa que contenga mantequilla o manteca también debe tacharse de su lista. Evite ordenar todos esos artículos.

5. Cuando no esté seguro de la calidad de la carne y el tipo de ingredientes utilizados en otras comidas, busque platos con mayoría de las verduras, que son probablemente la opción más segura para todos.

6. Las ensaladas frescas y los purés de verduras siempre son buenos para servir como guarnición. Contienen todos los ingredientes seguros y saludables.

7. La mayoría de los postres al aire libre contienen azúcares blancos o azúcares de confitería, así que busque algo con frutas solo como bayas, peras o manzanas, etc.

8. Intente ordenar los postres en una pequeña cantidad para mantener su ingesta calórica bajo control.

9. El alcohol no está permitido en la dieta mediterránea, así que evite agregar cualquier bebida a su menú.

Recetas de Desayuno

Tostadas de Huevo Escalfado Verde

Aquí hay un enfoque saludable para disfrutar el mismo huevo de la mañana con tostadas crujientes en un estilo muy tentador. Con la carne de aguacate recién hecha puré y el salmón ahumado, estas picaduras de tostadas pueden darte un buen comienzo por la mañana.

Tiempo de preparación: 10 minutos

Tiempo de cocción: 5 minutos

Alérgenos: Huevo, soya

Ingredientes:

- 2 rebanadas de pan, tostadas
- 2 oz de pulpa de aguacate, en puré
- 1/4 cucharadita de jugo de limón
- Sal kosher y pimienta negra, al gusto.
- 3.5 oz de salmón ahumado
- 2 huevos
- 1 cucharadita de salsa de soja

Instrucciones:

1. Primero, comience hirviendo el agua en la olla mediana.

2. Una vez que esté hervida, cree un remolino en el agua y rompa el huevo hasta que esté cocido.

3. Repita el mismo proceso con otro huevo y transfiéralos inmediatamente a un baño de hielo durante 10 segundos.

4. Saque la pulpa de aguacate fresca en un tazón y aplánela con un tenedor o cuchara. Mantener a un lado.

5. Coloque las dos rebanadas tostadas en los platos para servir, esparza generosamente el puré de aguacate sobre ellas.

6. Divida el salmón ahumado sobre las rebanadas de pan.

7. Rocíe la mitad del jugo de limón, la salsa de soya, la sal y la pimienta sobre cada una de las tostadas y luego cubra cada una con un huevo escalfado.

8. ¡Disfruta!

Información Nutricional
Porciones: 2

Cantidad por porción

Calorías	**195**

	% Valor Diario*
Grasa Total 11.2g	**14%**
Grasa Saturada 2.5g	**12%**
Colesterol 175mg	**58%**
Sodio 1267mg	**55%**
Carbohidratos Totales 7.8g	**3%**
Fibra dietética 2.3g	**8%**
Azúcares totales 1g	
Proteína 16.1g	
Vitamina D 15mcg	77%
Calcio 49mg	4%
Hierro 2mg	10%
Potasio 313mg	7%

Muffins de Huevo y Champiñones

Abandone los muffins de huevo tradicionales y disfrútelos con el sabroso toque de champiñones y pimientos asados. El fuerte sabor ahumado de estas magdalenas es delicioso.

Tiempo de preparación: 10 minutos

Tiempo de cocción: 25 minutos

Alérgenos: Huevos

Ingredientes

- Spray de cocina
- 5 huevos
- 1/3 taza de leche de coco
- 1/4 cucharadita de ajo en polvo
- Sal y pimienta negra al gusto.
- 1 1/2 tazas de champiñones picados
- 1 1/2 tazas de pimientos asados, picados, enjuagados y escurridos
- Aderezo:
- Hierbas verdes frescas y rodajas de pimiento rojo.

Instrucciones

1. Precaliente el horno a 350° F (177° C).

2. Mientras tanto, prepare una bandeja para muffins de 12 tazas forrándola con aceite en aerosol. Mantener a un lado.

3. Rompa todos los huevos en un tazón y mézclelos con leche de coco, sal, ajo en polvo y pimienta negra.

4. Una vez que esté mezclado, doble los champiñones y los pimientos y mezcle de manera uniforme.

5. Divida la masa en los moldes para panecillos engrasados por igual.

6. Hornee la masa de champiñones durante 20 a 25 minutos hasta que estén firmes y listos.

7. Una vez hecho esto, deje que la bandeja de panecillos se enfríe y luego retírelos.

8. Decorar con hierbas frescas y rodaja de pimiento rojo.

Información Nutricional

Porciones: 4

Cantidad por porción

Calorías 216

	% Valor Diario*
Grasa Totalt 15.3g	**20%**
Grasa Saturada 9.4g	**47%**
Colesterol 215mg	**72%**
Sodio 292mg	**13%**
Carbohidratos Totales 3.6g	**1%**
Fibra dietética 0.7g	**3%**
Azúcares totales 2.6g	
Proteína 11.2g	
Vitamina D 114mcg	569%
Calcio 53mg	4%
Hierro 2mg	12%
Potasio 213mg	5%

Omelet de Soufflé con Champiñones

Esta tortilla de soufflé no se parece en nada a tus huevos matutinos normales. Tiene esta textura suave y esponjosa que está hecha de una mezcla cremosa de claras de huevo y yema. Además, el relleno de champiñones de esta tortilla puede iluminar tu mañana.

Tiempo de preparación: 10 minutos

Tiempo de cocción: 15 minutos

Alérgenos: Huevos, Lácteos

Ingredientes

- 1 cucharadita de aceite de oliva virgen extra
- 1 diente de ajo, picado
- 8 onzas de champiñones en rodajas
- 1 cucharada de perejil picado
- 3 huevos grandes, separados
- 1/2 cucharadita de sal
- 1/2 cucharadita de pimienta
- 1/4 taza de queso rallado

Instrucciones

1. Caliente una sartén antiadherente con aceite a fuego medio-alto.
2. Agregue el ajo para saltear durante unos segundos y luego agregue los champiñones.
3. Revuelva cocine por 10 minutos. Rocíe el perejil encima y luego apague el fuego.
4. Batir las yemas de huevo en un tazón hasta que espese.

5. Batir las claras de huevo por separado hasta que se vuelva espumoso y blanco.
6. Mezcle las claras de huevo con las yemas doblándolas.
7. Sazone esta mezcla con sal, pimienta y queso.
8. Caliente una sartén grande a fuego medio.
9. Vierta la mezcla de huevo en la sartén y cubra la tapa para cocinar.
10. Una vez que el fondo esté listo, extienda el champiñon sobre un lado del huevo.
11. Dóblelo sobre los champiñones y transfiéralo al plato.
12. Servir.

Información Nutricional

Porciones: 3

Cantidad por porción

Calorías 142

	% Valor Diario*
Grasa Totalt 9.9g	**13%**
Grasa Saturada 3.8g	**19%**
Colesterol 196mg	**65%**
Sodio 521mg	**23%**
Carbohidratos Totales 3.6g	**1%**
Fibra dietética 0.9g	**3%**
Azúcares totales 1.8g	
Proteína 11.2g	
Vitamina D 291mcg	1454%
Calcio 100mg	8%
Hierro 3mg	19%
Potasio 332mg	7%

Patatas Fritas de Desayuno Hash

Las patatas son lo suficientemente deliciosas como para probarlas de cualquier estilo, y cuando se cocinan con un poco de condimento adicional y una mezcla de jamón y aguacate, estas te derretirán.

Tiempo de preparación: 10 minutos

Tiempo de cocción: 20 minutos

Alérgenos: Ausentes

Ingredientes:

- 2 batatas, peladas y en cubos
- 3 cucharadas de aceite de oliva
- 1/2 cucharadita de sal
- 1/4 cucharadita de pimienta blanca molida
- 1 cucharada de vinagre de manzana
- 2 dientes de ajo picados
- 1 cucharadita de miel
- 1/4 taza de cebolla amarilla, cortada en cubitos
- 1/4 taza de pimiento verde, cortado en cubitos
- 8 onzas de jamón sin sodio bajo en sulfato, cortado en cubitos
- 1 cucharada de jugo de limón
- 1 aguacate, pelado, sin hueso y cortado en cubitos

Instrucciones:

1. Coloque una bandeja para hornear con papel de aluminio y ajuste el horno a 450° F (232° C).

2. Mezcle las patatas con media cucharada de aceite de oliva, pimienta y sal.

3. Extienda estas papas sazonadas en la bandeja para hornear y hornee por 15 minutos

4. Combine el vinagre de manzana, la miel y el ajo en un tazón pequeño.

5. Mientras bate, agregue 1 cucharada de aceite de oliva.

6. Caliente la sartén a fuego medio con el aceite de oliva restante.

7. Agregue el pimiento y la cebolla y saltee hasta que estén suaves.

8. Ahora agregue papas al horno y jamón. Cocine hasta que la carne se dore.

9. Apaga el fuego y sazona esta mezcla con salsa de vinagre, jugo de limón y aguacate.

10. Servir caliente.

Información Nutricional

Porciones: 6

Cantidad por porción

Calorías   382

	% Valor Diario*
Grasa Totalt 23.4g	**30%**
Grasa Saturada 5.7g	**29%**
Colesterol 65mg	**22%**
Sodio 1679mg	**73%**
Carbohidratos Totales 23.4g	**9%**
Fibra dietética 6g	**21%**
Azúcares totales 1.9g	
Proteína 20.4g	
Vitamina D 0mcg	0%
Calcio 44mg	3%
Hierro 2mg	10%
Potasio 923mg	

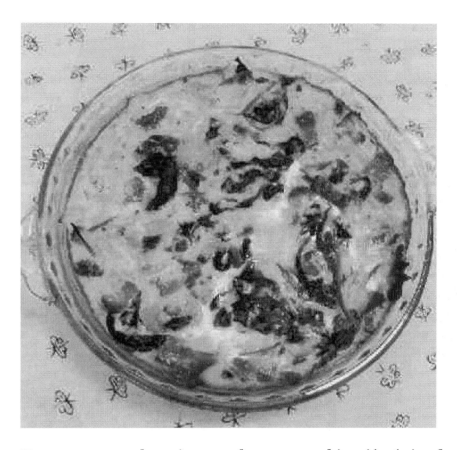

Vamos a romper la rutina y probar una combinación única de huevos horneados con espinacas y parmesano. Los huevos se hornean en la mezcla de espinacas salteadas, cubiertas con queso y tomates, todos los tonos en una sola porción.

Tiempo de preparación: 10 minutos

Tiempo de cocción: 15 minutos

Alérgenos: Huevos, Lácteos

Ingredientes

- 2 cucharaditas de aceite de oliva
- 2 dientes de ajo picados
- 4 tazas de espinacas tiernas
- 1/2 taza de queso parmesano rallado sin grasa
- 4 huevos
- 1 tomate pequeño, cortado en cubitos pequeños

Instrucciones

1. Ajuste el horno a 350° F (177° C) para precalentar.
2. Coloque una cacerola de 8 pulgadas con spray para cocinar.
3. Caliente el aceite de oliva en una sartén grande, a fuego medio.
4. Agregue el ajo y las espinacas, saltee hasta que las espinacas se marchiten.
5. Retirar del fuego y luego drenar el líquido extra.
6. Agregue queso parmesano y transfiera esta mezcla a la cacerola.

7. Haga cuatro pozos en la mezcla de espinacas para agregar huevos.

8. Rompa un huevo en cada pozo.

9. Coloque el recipiente de cocción en el horno y hornee por 15 minutos.

10. Servir caliente.

Información Nutricional

Porciones: 4

Cantidad por porción

Calorías   231

	% Valor Diario*
Grasa Totalt 15.9g	**20%**
Grasa Saturada 7.7g	**39%**
Colesterol 194mg	**65%**
Sodio 477mg	**21%**
Carbohidratos Totales 4.3g	**2%**
Fibra dietética 1g	**3%**
Azúcares totales 1.1g	
Proteína 20.2g	
Vitamina D 15mcg	77%
Calcio 433mg	33%
Hierro 2mg	10%
Potasio 286mg	6%

Frittata de Espinacas y Mozzarella

La frittata con queso y cocción lenta es la delicia más cremosa para el desayuno de la mañana. Es una mezcla perfecta de cebolla picada, espinacas, tomate y condimento básico. Lo mejor para servir con pan tostado caliente.

Tiempo de preparación: 10 minutos

Tiempo de cocción: 1 hr. 30 minutos

Alérgenos: Huevos, Lácteos

Ingredientes

- 1 cucharada de aceite de oliva virgen extra

- 1/2 taza de cebolla picada
- 1 taza de queso mozzarella rallado al 2%, dividido
- 3 huevos
- 3 claras de huevo
- 2 cucharadas de leche de coco
- 1/4 cucharadita de pimienta negra
- 1/4 cucharadita de pimienta blanca
- 1 taza (envasada) de espinacas tiernas picadas, con tallos, retiradas
- 1 tomate Roma, cortado en cubitos
- Sal al gusto

Instrucciones

1. Precaliente una sartén pequeña con aceite a fuego medio.
2. Agregue la cebolla y saltee por 5 minutos.
3. Engrase una olla de cocción lenta y prepárela para cocinar.
4. Mezcle las cebollas salteadas, con queso y todos los ingredientes.
5. Agregue estos ingredientes a la olla de cocción lenta.
6. Cubra la olla para cocinar en modo BAJAO durante 1 a 1,5 horas.
7. Servir caliente.

Información Nutricional

Porciones: 4

Cantidad por porción

Calorías 131

	% Valor Diario*
Grasa Totalt 8.3g	11%
Grasa Saturada 2.3g	12%
Colesterol 127mg	42%
Sodio 166mg	7%
Carbohidratos Totales 5g	2%
Fibra dietética 1g	4%
Azúcares totales 2.7g	
Proteína 10g	
Vitamina D 16mcg	78%
Calcio 45mg	3%
Hierro 2mg	11%
Potasio 263mg	6%

Quiche de Verduras sin Corteza

El quiche vegetal sin corteza se convertirá en el amor definitivo para los amantes de las verduras. Se cocina con calabacín jugoso, brócoli nutricional y mezcla de pimiento. Además de las especias básicas, tiene los distintos sabores de las hierbas secas.

Tiempo de preparación: 10 minutos

Tiempo de cocción: 30 minutos

Alérgenos: Huevos, Lácteos

Ingredientes

- 1 tablespoon olive oil
- 1 cebolla amarilla pequeña, cortada en cubitos
- 2 dientes de ajo picados
- ½ taza de pimiento rojo cortado en cubitos
- ½ taza de pimiento verde cortado en cubitos
- ½ taza de calabacín en rodajas
- 6 floretes de brócoli
- ¼ de taza de tomates secados al sol cortados en cubitos
- 3 huevos grandes
- 4 claras de huevo grandes
- 2 cucharadas de leche de coco
- 1 cucharadita de orégano seco
- ½ cucharadita de pimienta negra
- Sal marina al gusto
- ¼ de taza 1 cucharada de queso parmesano bajo en grasa, opcional

Instrucciones

1. Ajuste el horno a 425 ° F (218 ° C) para precalentar.

2. Mientras tanto, caliente una sartén grande a fuego medio.

3. Agregue aceite y saltee la cebolla y el ajo durante 4 minutos.

4. Agregue el calabacín, el pimiento, el brócoli y los tomates secos.

5. Saltee durante 2 minutos y luego agregue estas verduras a un tazón.

6. Ahora bata los huevos con leche, especias, claras de huevo y ¼ de taza de queso parmesano.

7. Agregue la mezcla de huevo salteado y luego transfiera la masa a un molde para pastel engrasado de 9 pulgadas.

8. Cubra sin apretar el molde para pastel con papel de aluminio y hornee por 10 minutos a 425 ° F (218 ° C).

9. Reduzca el calor a 350° F (177° C) luego hornee por 20 minutos.

10. Rocíe el parmesano encima.

11. Servir.

Información Nutri

Porciones: 4

Cantidad por porción

Calorías 180

	% Valor Diario*
Grasa Totalt 9.9g	**13%**
Grasa Saturada 3.2g	**16%**
Colesterol 147mg	**49%**
Sodio 222mg	**10%**
Carbohidratos Totales 10.4g	**4%**
Fibra dietética 2.9g	**10%**
Azúcares totales 4.2g	
Proteína 14.5g	
Vitamina D 17mcg	86%
Calcio 176mg	14%
Hierro 2mg	10%
Potasio 467mg	10%

Huevo al Horno de Espinacas y Queso Feta

Estas tazas de muffins de huevos forrados de espinacas son las más fáciles de disfrutar en poco tiempo. Sin especias e ingredientes adicionales. Es todo queso, huevos y espinacas. Fácil de cocinar pero más rico y saludable en contenido.

Tiempo de preparación: 10 minutos

Tiempo de cocción: 15 minutos

Alérgenos: Huevos, Lácteos

Ingredientes

- 1 taza de espinacas cocidas, exprimidas para eliminar el agua
- 4 huevos
- 1/2 taza de queso feta sin grasa

Instrucciones

1. Coloque una bandeja para muffins con tazas de muffins y aceite en aerosol, luego déjelo a un lado.
2. Ajuste el horno a 375 ° F (190 ° C) para precalentar.
3. Primero, divida las espinacas en cuatro moldes para muffins. Presione hacia abajo.
4. Agregue los huevos batidos y cúbralos con queso feta.
5. Hornee los huevos de espinaca por 15 minutos.
6. Servir caliente.

Información Nutricional

Porciones: 4

Cantidad por porción

Calorías 114

	% Valor Diario*
Grasa Totalt 8.4g	**11%**
Grasa Saturada 4.2g	**21%**
Colesterol 180mg	**60%**
Sodio 277mg	**12%**
Carbohidratos Totales 1.4g	**1%**
Fibra dietética 0.2g	**1%**
Azúcares totales 1.1g	
Proteína 8.4g	
Vitamina D 15mcg	77%
Calcio 123mg	9%
Hierro 1mg	6%
Potasio 112mg	2%

Cuencos de Huevo y Espinacas

Llevemos los muffins de huevo tradicionales a un nivel completamente nuevo y preparemos una mezcla de huevo y espinacas en pequeños moldes para servir en la mesa del desayuno. Siempre sirva después de hornear para obtener la mejor experiencia.

Tiempo de preparación: 10 minutos

Tiempo de cocción: 20 minutos

Alérgenos: Huevos, Lácteos

Ingredientes

- 8 claras de huevo grandes (se recomienda el campo libre)
- 1 huevo entero
- 1 taza de espinacas baby, rotas o picadas en trozos pequeños
- /2 taza de tomates cortados en cubitos
- 1/4 taza de queso feta, sin grasa
- 1/2 cucharadita de pimienta negra
- Kosher o sal de mar al gusto

Instrucciones

1. Ajuste el horno a 350° F (177° C).
2. Batir todo en un tazón adecuado hasta que esté bien combinado.
3. Rocíe moldes con spray para cocinar.
4. Divida la mezcla de huevo en los moldes.
5. Hornee por 20 minutos.
6. Servir caliente.

Información Nutricional

Porciones: 3

Cantidad por porción

Calorías 119

	% Valor Diario*
Grasa Totalt 4.3g	**6%**
Grasa Saturada 2.3g	**12%**
Colesterol 66mg	**22%**
Sodio 382mg	**17%**
Carbohidratos Totales 6g	**2%**
Fibra dietética 2.1g	**8%**
Azúcares totales 2g	
Proteína 14.2g	
Vitamina D 5mcg	26%
Calcio 100mg	8%
Hierro 2mg	10%
Potasio 246mg	5%

Revuelto de Huevo de Tofu

Hagamos que el viejo huevo revuelto sea un poco más grueso con el toque de tofu, cebolla y col rizada en cubitos. Las verduras se combinan y luego se mezclan con claras de huevo batidas. La mezcla se puede servir con coberturas de perejil.

Tiempo de preparación: 10 minutos

Tiempo de cocción: 5 minutos

Alérgenos: Huevos

Ingredientes:

- 4 onzas de tofu extra firme, en cubos

- 1/4 taza de pimiento rojo, picado
- 1 cucharada de aceite de oliva
- 1/4 taza de cebolla roja picada
- 1 taza de col rizada, picada
- 1/2 cucharadita de comino molido
- 1 cucharadita de chile en polvo
- 6 claras de huevo, ligeramente batidas
- 2 cucharadas de cilantro fresco, picado

Instrucciones:

1. Caliente la sartén con aceite de cocina a fuego medio.
2. Agregue tofu, cebolla, pimiento y col rizada a la sartén.
3. Saltee hasta que las verduras estén suaves. Sazone con comino y chile en polvo.
4. Agregue gradualmente las claras de huevo y cocine para hacer la mezcla.
5. Decorar con cilantro.
6. Servir caliente.

Información Nutricional

Porciones: 3

Cantidad por porción

Calorías 123

	% Valor Diario*
Grasa Totalt 6.6g	8%
Grasa Saturada 1g	5%
Colesterol 0mg	0%
Sodio 91mg	4%
Carbohidratos Totales 5.7g	2%
Fibra dietética 1.4g	5%
Azúcares totales 1.7g	
Proteína 11.4g	
Vitamina D 0mcg	0%
Calcio 120mg	9%
Hierro 1mg	8%
Potasio 332mg	7%

Champiñones Portobello Rellenos de Huevo

Para un desayuno rico y saludable, estos huevos rellenos de champiñones son una opción perfecta. Estos contienen todos los ingredientes de sabor y aroma atractivo. Además, si tiene el relleno de conserva en el refrigerador, apenas le llevará unos minutos prepararlo para devorarlo.

Tiempo de preparación: 10 minutos

Tiempo de cocción: 20 minutos

Alérgenos: Huevos, Lácteos

Ingredientes

- 4 hongos portobello grandes, sin tallo, limpios
- 2 cucharadas de aceite de oliva
- 1/2 cucharadita de sal kosher
- 1/4 cucharadita de pimienta negra molida
- 1/4 cucharadita de ajo en polvo
- 4 huevos grandes
- 2 cucharadas de queso feta desmenuzado
- 1/4 taza de perejil fresco, picado
- ¼ taza de pimiento rojo, picado

Instrucciones

1. Coloque una bandeja para hornear con papel de aluminio y manténgala a un lado.

2. Caliente el horno en la configuración del asador.

3. Frote las tapas de champiñones con aceite de oliva en ambos lados.

4. Rocíe la mitad de la sal, la pimienta y el ajo en polvo.

5. Coloque las tapas en la bandeja para hornear y asarlas por 5 minutos.

6. Drene el exceso de líquido del hongo.

7. Ajuste la temperatura del horno a 400° F (204° C).

8. Rompe un huevo en cada tapa de champiñones y cúbrelo con queso feta.

9. Hornee durante 15 minutos la sal de la llovizna, el ajo en polvo y la pimienta encima.

10. Decorar con perejil y pimiento picado.

11. Servir caliente.

Información Nutricional

Porciones: 4

Cantidad por porción

Calorías 205

	% Valor Diario*
Grasa Totalt 15.3g	**20%**
Grasa Saturada 4.6g	**23%**
Colesterol 196mg	**65%**
Sodio 504mg	**22%**
Carbohidratos Totales 6.4g	**2%**
Fibra dietética 1.8g	**7%**
Azúcares totales 2.1g	
Proteína 13.4g	
Vitamina D 18mcg	88%
Calcio 180mg	14%
Hierro 2mg	13%
Potasio 570mg	12%

Muffins de Huevo Griego

Los panecillos griegos de huevo son famosos por la combinación refrescante de verduras que se utilizan en ellos. Se necesitan tomates, cebollas y aceitunas para preparar una buena mezcla de huevo para estas magdalenas.

Tiempo de preparación: 10 minutos

Tiempo de cocción: 20 minutos

Alérgenos: Huevos, Lácteos

Ingredientes:

- 4 claras de huevo
- 2 huevos
- 1/2 taza de leche de coco
- 1/2 cucharadita de sal
- 1/4 cucharadita de pimienta blanca molida
- 1/4 taza de tomates, cortados en cubitos pequeños
- 1/4 taza de cebolla roja, cortada en cubitos pequeños
- 1/4 taza de aceitunas negras, cortadas en cubitos pequeños
- 1 cucharada de perejil fresco, picado
- 1/4 taza de queso feta sin grasa, desmenuzado

Instrucciones

1. Ajuste el horno a 350° F (177° C) para precalentar.
2. Engrase 6 tazas de la bandeja de muffins con aceite en aerosol.
3. Batir los huevos con sal, pimienta y leche hasta que estén espumosos.
4. Agregue los ingredientes restantes a la mezcla del huevo.
5. Divida la masa en los moldes para panecillos por igual.
6. Hornee por 20 minutos hasta que estén dorados alrededor de los bordes.
7. Servir caliente.

Información Nutricional

Porciones: 2

Cantidad por porción

Calorías   180

	% Valor Diario*
Grasa Totalt 6.4g	8%
Grasa Saturada 1.6g	8%
Colesterol 165mg	55%
Sodio 1341mg	58%
Carbohidratos Totales 8.4g	3%
Fibra dietética 1.3g	4%
Azúcares totales 6g	
Proteína 21.3g	
Vitamina D 16mcg	79%
Calcio 227mg	17%
Hierro 2mg	10%
Potasio 351mg	

La col rizada es una rica fuente de minerales; cuando se agrega a una receta de huevo se vuelve más nutritiva que nunca. Es por eso que esta combinación de huevo horneado con queso ricotta es excelente para un buen comienzo en la mañana.

Tiempo de preparación: 10 minutos

Tiempo de cocción: 20 minutos

Alérgenos: Huevos, Lácteos

Ingredientes:

- 6 tazas de col rizada, sin tallos y picados
- 1 cucharada de aceite de oliva
- 2 dientes de ajo picados
- 1/4 taza de queso ricotta, sin grasa
- 1/4 taza de queso feta, sin grasa, desmenuzado
- 4 huevos grandes
- 1/3 taza de tomates uva, cortados por la mitad
- 1/4 cucharadita de pimienta negra molida
- 1/2 cucharadita de sal kosher

Instrucciones

1. Ajuste el horno a 350° F (177° C).
2. Tome una cacerola de 9x13 pulgadas y engrase con aceite en aerosol.
3. Caliente una sartén engrasada a fuego medio.
4. Agregue el ajo y la col rizada, saltee durante 30 segundos hasta que esté suave.

5. Transfiera la mezcla de ajo a un tazón y guárdelo a un lado.
6. Mezcle el queso feta y el queso ricotta en otro tazón.
7. Primero esparza la mezcla de col rizada en la cacerola.
8. Haga unas 4 cavidades en la mezcla de col rizada y rompa un huevo en cada cavidad.
9. Extienda la mezcla de queso encima, cuchara por cuchara.
10. Ahora extienda los tomates sobre ella y rocíe sal y pimienta.
11. Hornee por 20 minutos hasta que estén doradas.
12. Servir caliente.

Información Nutricional

Porciones: 4

Cantidad por porción

Calorías 202

	% Valor Diario*
Grasa Totalt 11.7g	15%
Grasa Saturada 4.2g	21%
Colesterol 199mg	66%
Sodio 529mg	23%
Carbohidratos Totales 13.2g	5%
Fibra dietética 1.7g	6%
Azúcares totales 1.2g	
Proteína 12.6g	
Vitamina D 18mcg	88%
Calcio 255mg	20%
Hierro 3mg	15%
Potasio 629mg	13%

Sandwich de Desayuno de Aguacate y Huevo

Los sándwiches de aguacate siempre son refrescantes para servir como desayuno. Sin embargo, estos sándwiches combinan la deliciosa salsa de aguacate con huevos recién horneados en una rebanada de bagel tostado.

Tiempo de preparación: 10 minutos

Tiempo de cocción: 5 minutos

Alérgenos: Huevoy trigo

Ingredientes

- 1 panecillo integral
- 2 cucharadas de aceite de oliva
- 1 aguacate, puré
- 1 cucharadita de jugo de limón
- 2 huevos
- 1/4 cucharadita de sal kosher
- 1/4 cucharadita de pimienta negra

Instrucciones

1. Corta el bagel por la mitad para obtener dos círculos.
2. Saque un poco de material del interior para hacer un agujero de 1 pulgada de ancho en cada mitad.
3. Cepille la rodaja preparada con aceite de oliva.
4. Dorar estas rebanadas en una sartén caliente hasta que estén doradas por el lado cortado.
5. Mientras tanto, mezcle la pulpa de aguacate con jugo de limón.
6. Extienda la mezcla de aguacate en el agujero del bagel tostado.
7. Rompe un huevo en el centro de cada rebanada y sazónalo con sal y pimienta.
8. Colóquelos en la bandeja para hornear, hornee por 4 minutos.
9. Servir caliente.

Información Nutricional

Porciones: 4

Cantidad por porción

Calorías 257

	% Valor Diario*
Grasa Totalt 19.4g	**25%**
Grasa Saturada 3.8g	**19%**
Colesterol 82mg	**27%**
Sodio 294mg	**13%**
Carbohidratos Totales 16.9g	**6%**
Fibra dietética 4.9g	**18%**
Azúcares totales 2.7g	
Proteína 6.5g	
Vitamina D 8mcg	39%
Calcio 56mg	4%
Hierro 1mg	8%
Potasio 276mg	6%

Muffin Inglés de Jamón y Huevo Escalfado

¿Aburrido de las magdalenas inglesas tradicionales? Sirvamos con algo extra. Cubra los pastelitos en rodajas con jamón, tomate y un huevo escalfado. Así es como hacer un desayuno ultra mediterráneo en poco tiempo.

Tiempo de preparación: 10 minutos

Tiempo de cocción: 0 minutos

Alérgenos: Trigo y huevo

Ingredientes:

- 1 tomate, cortado en 4 rodajas
- 3 cucharaditas de aceite de oliva
- 4 lonchas de jamón
- 2 panecillos ingleses de trigo integral, cortados por la mitad
- 4 huevos escalfados
- pimienta negra, al gusto

Instrucciones:

1. Caliente 2 cucharaditas de aceite de oliva en una sartén a fuego medio.
2. Agregue el jamón y los tomates, saltee hasta que la carne se dore.
3. Coloque el jamón sobre el panecillo inglés y luego con los tomates ablandados.
4. Cubra estos muffins con huevos escalfados y rocíe aceite de oliva encima.
5. Sazonar con pimienta negra.
6. Servir.

Información
Nutricional

Porciones: 4

Cantidad por porción

Calorías 257

% Valor Diario*

Grasa Totalt 19.4g	**25%**
Grasa Saturada 3.8g	**19%**
Colesterol 82mg	**27%**
Sodio 294mg	**13%**
Carbohidratos Totales 16.9g	**6%**
Fibra dietética 4.9g	**18%**
Azúcares totales 2.7g	
Proteína 6.5g	
Vitamina D 8mcg	39%
Calcio 56mg	4%
Hierro 1mg	8%
Potasio 276mg	6%

Recetas de Batidos

Batido de Mango

Los mangos son famosos por sus sabores dulces y relajantes y cuando se combinan con el refrescante toque de zanahorias y jugo de naranja recién exprimido. Decora con cubos de mango y zanahoria para una buena porción.

Tiempo de preparación: 10 minutos

Tiempo de cocción: 0 minutos

Alérgenos: Ausentes

Ingredientes

- 2 tazas de mango cortado en cubitos
- 1 zanahoria
- Jugo de 1 naranja
- Hojas de menta fresca

Instrucciones

1. Agregue todo a un procesador de alimentos.
2. Licuar bien los ingredientes hasta que este uniforme.
3. Refrigerar hasta que esté lo suficientemente frío.
4. Sirve con tu aderezo favorito
5. Disfrutar.

Información Nutricional

Porciones: 1

Cantidad por porción

Calorías 315

	% Valor Diario*
Grasa Totalt 1.6g	**2%**
Grasa Saturada 0.4g	**2%**
Colesterol 0mg	**0%**
Sodio 49mg	**2%**
Carbohidratos Totales 78g	**28%**
Fibra dietética 12g	**43%**
Azúcares totales 65.3g	
Proteína 5.3g	
Vitamina D 0mcg	0%
Calcio 153mg	12%
Hierro 2mg	12%
Potasio 1135mg	24%

Batido de Remolacha

Los extractos de remolacha están llenos de nutrientes y antioxidantes. Cuando se mezcla con jugo de limón, zanahoria, pera y manzana, el licuado resultante se vuelve nutritivo para nuestra mente, piel y cuerpo.

Tiempo de preparación: 10 minutos

Tiempo de cocción: 0 minutos

Alérgenos: Ausentes

Ingredientes

- 1 taza de jugo de remolacha
- 2 cucharaditas de jengibre picado
- 1 cucharada de jugo de limón
- 1 manzana, pelada, sin núcleo y cortada en cubitos
- 1 zanahoria, pelada y cortada en cubitos
- 1 pera, sin núcleo, pelada y cortada en cubitos

Instrucciones

1. Agregue todo a un procesador de alimentos.
2. Licuar bien los ingredientes hasta que este uniforme.
3. Refrigerar hasta que esté lo suficientemente frío.
4. Sirve con tu aderezo favorito
5. Disfrutar

Información Nutricional

Porciones: 1

Cantidad por porción

Calorías 282

	% Valor Diario*
Grasa Totalt 1.1g	**1%**
Grasa Saturada 0.2g	**1%**
Colesterol 0mg	**0%**
Sodio 127mg	**6%**
Carbohidratos Totales 70.8g	**26%**
Fibra dietética 13.7g	**49%**
Azúcares totales 48.2g	
Proteína 3.7g	
Vitamina D 0mcg	0%
Calcio 55mg	4%
Hierro 3mg	15%
Potasio 967mg	

Batido de Aguacate

Aquellos que se enamoraron de los aguacates de vez en cuando les encantará agregar este batido a su menú, ya que nos brinda la combinación refrescante de carne de aguacate mezclada con menta, semillas de lino, apio y jugo de lima.

Tiempo de preparación: 10 minutos

Tiempo de cocción: 0 minutos

Alérgenos: Ausentes

Ingredientes

- ½ aguacate deshuesado y pelado
- 3 tallos de apio picados
- 1 lima, jugo
- Hojas de menta fresca picadas
- 1 cucharadita de semillas de lino

Instrucciones

1. Agregue todo a un procesador de alimentos.
2. Licuar bien los ingredientes hasta que este uniforme.
3. Refrigerar hasta que esté lo suficientemente frío.
4. Sirve con tu aderezo favorito
5. Disfrutar.

Información Nutricional

Porciones: 1

Cantidad por porción

Calorías   265

	% Valor Diario*
Grasa Totalt 22g	**28%**
Grasa Saturada 4.4g	**22%**
Colesterol 0mg	**0%**
Sodio 53mg	**2%**
Carbohidratos Totales 19.6g	**7%**
Fibra dietética 11.6g	**41%**
Azúcares totales 2.4g	
Proteína 4g	
Vitamina D 0mcg	0%
Calcio 90mg	7%
Hierro 3mg	15%
Potasio 781mg	17%

Batido Rojo

El nombre de batido rojo proviene del color que era debido a la frambuesa. Pero en este batido es la combinación de frambuesa con arándano junto con ciruela. Se aromatiza principalmente con jugo de limón.

Tiempo de preparación: 10 minutos

Tiempo de cocción: 0 minutos

Alérgenos: Ausentes

Ingredientes

- 4 ciruelas sin núcleo
- 3 cucharadas de frambuesa
- 3 cucharadas de arándano
- 1 cucharada de jugo de limón
- 1 cucharadita de aceite de linaza

Instrucciones

1. Agregue todo a un procesador de alimentos.
2. Licuar bien los ingredientes hasta que este uniforme.
3. Refrigerar hasta que esté lo suficientemente frío.
4. Sirve con tu aderezo favorito
5. Disfrutar.

Información Nutricional

Porciones: 1

Cantidad por porción

Calorías   151

	% Valor Diario*
Grasa Totalt 1.2g	**1%**
Grasa Saturada 0.1g	**1%**
Colesterol 0mg	**0%**
Sodio 3mg	**0%**
Carbohidratos Totales 39g	**14%**
Fibra dietética 5.8g	**21%**
Azúcares totales 32g	
Proteína 2.6g	
Vitamina D 0mcg	0%
Calcio 7mg	1%
Hierro 1mg	3%
Potasio 491mg	10%

Batido Verde

El verde te dice que este batido tiene que ver con la frescura. Está hecho de hojas de espinaca mezcladas con pepino, lechuga y perejil. Para agregar más sabor, se agrega plátano al batido junto con semillas de lino.

Tiempo de preparación: 10 minutos

Tiempo de cocción: 0 minutos

Alérgenos: Ausentes

Ingredientes

- 2 tazas de hojas de espinaca
- 1 taza de agua
- 1 cucharada de perejil
- 2 hojas de lechuga
- 1 pepino pequeño, pelado y cortado en cubitos
- 1 plátano pelado
- 1 cucharadita de semillas de lino

Instrucciones

1. Agregue todo a un procesador de alimentos.
2. Licuar bien los ingredientes hasta que este uniforme.
3. Refrigerar hasta que esté lo suficientemente frío.
4. Sirve con tu aderezo favorito
5. Disfrutar.

Información Nutricional

Porciones: 1

Cantidad por porción

Calorías   167

	% Valor Diario*
Grasa Totalt 1g	**1%**
Grasa Saturada 0.3g	**1%**
Colesterol 0mg	**0%**
Sodio 64mg	**3%**
Carbohidratos Totales 40.6g	**15%**
Fibra dietética 6.1g	**22%**
Azúcares totales 19.8g	
Proteína 5.1g	
Vitamina D 0mcg	0%
Calcio 126mg	10%
Hierro 3mg	18%
Potasio 1237mg	26%

Batido de Col Rizada

No todo es un licuado de col rizada. Está lleno de la energía de la manzana, plátano y leche de coco. La bebida no contiene azúcares procesados y solo está saborizada con canela molida, lo que le da un sabor agradable.

Tiempo de preparación: 10 minutos

Tiempo de cocción: 0 minutos

Alérgenos: Ausentes

Ingredientes

- 2 tazas de hojas de col rizada
- 1 taza de leche de coco
- 1 plátano
- 1 manzana
- 1 cucharadita de canela

Instrucciones

1. Agregue todo a un procesador de alimentos.
2. Licuar bien los ingredientes hasta que este uniforme.
3. Refrigerar hasta que esté lo suficientemente frío.
4. Sirve con tu aderezo favorito
5. Disfrutar.

Información Nutricional

Porciones: 1

Cantidad por porción

Calorías 287

	% Valor Diario*
Grasa Totalt 0.8g	**1%**
Grasa Saturada 0.1g	**1%**
Colesterol 0mg	**0%**
Sodio 61mg	**3%**
Carbohidratos Totales 71.8g	**26%**
Fibra dietética 10.5g	**37%**
Azúcares totales 37.6g	
Proteína 5.9g	
Vitamina D 0mcg	0%
Calcio 187mg	14%
Hierro 3mg	19%
Potasio 1319mg	28%

Batido de Melón

Nada puede ser tan refrescante como el melón. Para romper el calor del verano, este batido se puede servir como la mejor bebida para la merienda. Está hecho de melón, pepino, menta, jugo de limón y par.

Tiempo de preparación: 10 minutos

Tiempo de cocción: 0 minutos

Alérgenos: Ausentes

Ingredientes

- ½ pepino
- 2 rodajas de melón
- 2 cucharaditas de jugo de limón
- 1 pera
- 3 hojas de menta fresca

Instrucciones

1. Agregue todo a un procesador de alimentos.
2. Licuar bien los ingredientes hasta que este uniforme.
3. Refrigerar hasta que esté lo suficientemente frío.
4. Sirve con tu aderezo favorito
5. Disfrutar.

Información Nutricional

Porciones: 1

Cantidad por porción

Calorías   420

	% Valor Diario*
Grasa Totalt 2.4g	**3%**
Grasa Saturada 0.7g	**3%**
Colesterol 0mg	**0%**
Sodio 158mg	**7%**
Carbohidratos Totales 101.7g	**37%**
Fibra dietética 15.4g	**55%**
Azúcares totales 85.6g	
Proteína 10.1g	
Vitamina D 0mcg	0%
Calcio 185mg	14%
Hierro 7mg	37%
Potasio 2907mg	62%

Batido de Piña

Siente la brisa de los vientos tropicales con este refrescante batido de piña. Reúna fresas, plátano, piña y jugo de naranja en una licuadora y prepare este batido de piña súper refrescante.

Tiempo de preparación: 10 minutos

Tiempo de cocción: 0 minutos

Alérgenos: Ausentes

Ingredientes

- ½ taza de piña fresca
- ½ taza de fresa
- 1 plátano
- ¼ taza de jugo de naranja
- cubitos de hielo de menta

Instrucciones

1. Agregue todo a un procesador de alimentos.
2. Licuar bien los ingredientes hasta que este uniforme.
3. Refrigerar hasta que esté lo suficientemente frío.
4. Sirve con tu aderezo favorito
5. Disfruta.

Información Nutricional

Porciones: 1

Cantidad por porción

Calorías 197

	% Valor Diario*
Grasa Totalt 0.8g	**1%**
Grasa Saturada 0.2g	**1%**
Colesterol 0mg	**0%**
Sodio 3mg	**0%**
Carbohidratos Totales 49.8g	**18%**
Fibra dietética 5.8g	**21%**
Azúcares totales 31.3g	
Proteína 2.6g	
Vitamina D 0mcg	0%
Calcio 29mg	2%
Hierro 2mg	9%
Potasio 747mg	16%

Batido de Kiwi

Seguramente no puedes perder el kiwi de tu menú habitual. Aquí hay una manera de agregar esta deliciosa fruta a su dieta. Prepare un batido refrescante con piña, plátano y albahaca.

Tiempo de preparación: 10 minutos

Tiempo de cocción: 0 minutos

Alérgenos: Ausentes

Ingredientes

- 5 kiwis
- ½ taza de piña fresca
- 1 plátano
- hojas de albahaca

Instrucciones

1. Agregue todo a un procesador de alimentos.
2. Licuar bien los ingredientes hasta que este uniforme.
3. Refrigerar hasta que esté lo suficientemente frío.
4. Sirve con tu aderezo favorito
5. Disfrutar.

Información Nutricional

Porciones: 1

Cantidad por porción

Calorías 378

	% Valor Diario*
Grasa Totalt 2.5g	**3%**
Grasa Saturada 0.3g	**1%**
Colesterol 0mg	**0%**
Sodio 14mg	**1%**
Carbohidratos Totales 93.5g	**34%**
Fibra dietética 15.6g	**56%**
Azúcares totales 56.7g	
Proteína 6.1g	
Vitamina D 0mcg	0%
Calcio 147mg	11%
Hierro 2mg	10%
Potasio 1700mg	36%

Este batido es la madre de todos los batidos, ya que contiene todos los ingredientes adecuados para que sea una bebida súper mediterránea. Es una mezcla de espinacas, jengibre, plátano, mango, jugo de remolacha y leche de coco.

Tiempo de preparación: 10 minutos

Tiempo de cocción: 0 minutos

Alérgenos: Ausentes

Ingredientes

- 2 tazas de espinacas tiernas empacadas
- 1 cucharadita de raíz de jengibre fresca, picada
- 1 plátano congelado
- 1 mango pequeño
- 1/2 taza de jugo de remolacha
- 1/2 taza de leche de coco
- 4-6 cubitos de hielo

Instrucciones

1. Agregue todo a un procesador de alimentos.
2. Licuar bien los ingredientes hasta que este uniforme.
3. Refrigerar hasta que esté lo suficientemente frío.
4. Sirve con tu aderezo favorito
5. Disfrutar.

Información Nutricional

Porciones: 1

Cantidad por porción

Calorías 528

	% Valor Diario*
Grasa Totalt 1.7g	**2%**
Grasa Saturada 0.4g	**2%**
Colesterol 2mg	**1%**
Sodio 432mg	**19%**
Carbohidratos Totales 125.5g	**46%**
Fibra dietética 18.5g	**66%**
Azúcares totales 84.9g	
Proteína 13.1g	
Vitamina D 1mcg	3%
Calcio 316mg	24%
Hierro 10mg	56%
Potasio 1182mg	25%

Batido de Leche de Coco

Un batido de leche de coco suave, dulce y sin azúcar es una excelente adición a una dieta saludable de rutina. Simplemente mezcle la leche con espinacas y plátano para obtener el sabor completo.

Tiempo de preparación: 10 minutos

Tiempo de cocción: 0 minutos

Alérgenos: Ausentes

Ingredientes

- 1 1/2 tazas de leche de coco
- 1 plátano congelado
- 2 tazas de espinacas crudas

Instrucciones

1. Agregue todo a un procesador de alimentos.
2. Licuar bien los ingredientes hasta que este uniforme.
3. Refrigerar hasta que esté lo suficientemente frío.
4. Sirve con tu aderezo favorito
5. Disfrutar.

Información Nutricional

Porciones: 1

Cantidad por porción

Calorías 197

	% Valor Diario*
Grasa Totalt 14.6g	**19%**
Grasa Saturada 12.8g	**64%**
Colesterol 0mg	**0%**
Sodio 33mg	**1%**
Carbohidratos Totales 17.9g	**7%**
Fibra dietética 3.5g	**13%**
Azúcares totales 9.4g	
Proteína 2.9g	
Vitamina D 0mcg	0%
Calcio 42mg	3%
Hierro 2mg	11%
Potasio 536mg	11%

Creamy Strawberry Smoothie

Esta es preferiblemente una mezcla cremosa y relajante de todas las frutas refrescantes, incluyendo mango, plátano y fresas. El yogur se usa junto con la leche de coco para hacer que la base de este batido sea más espesa y rica en sabor.

Tiempo de preparación: 10 minutos

Tiempo de cocción: 0 minutos

Alérgenos: Ausentes

Ingredientes

- 1 plátano
- 1/2 taza de fresas congeladas
- 1/2 taza de mango congelado
- 1/2 taza de yogurt griego
- 1/4 taza de leche de coco
- 1/4 cucharadita de cúrcuma
- 1/4 cucharadita de jengibre
- 1 cucharada de miel

Instrucciones

1. Agregue todo a un procesador de alimentos.
2. Licuar bien los ingredientes hasta que este uniforme.
3. Refrigerar hasta que esté lo suficientemente frío.
4. Sirve con tu aderezo favorito
5. Disfrutar.

Información Nutricional

Porciones: 1

Cantidad por porción

Calorías 545

	% Valor Diario*
Grasa Totalt 18.1g	23%
Grasa Saturada 14.9g	75%
Colesterol 20mg	7%
Sodio 112mg	5%
Carbohidratos Totales 76.1g	28%
Fibra dietética 7.4g	27%
Azúcares totales 56.5g	
Proteína 26.5g	
Vitamina D 0mcg	0%
Calcio 287mg	22%
Hierro 2mg	12%
Potasio 950mg	20%

Batido de Plátano y Arándanos

No hay mejor desintoxicante que las bayas frescas en su dieta. Es por eso que este batido se prepara completamente con arándanos mezclados con plátano. Para evitar cualquier azúcar procesada, está aromatizada con una pequeña cantidad de miel.

Tiempo de preparación: 10 minutos

Tiempo de cocción: 0 minutos

Alérgenos: Harina de linaza

Ingredientes

- 1 cucharada de harina de linaza
- 1 plátano
- 1/2 taza de arándanos congelados
- 1 cucharada de mantequilla de maní
- 1 cucharadita de miel
- 1/2 taza de yogurt de coco
- 1 taza de almendras

Instrucciones

1. Agregue todo a un procesador de alimentos.
2. Licuar bien los ingredientes hasta que este uniforme.
3. Refrigerar hasta que esté lo suficientemente frío.
4. Sirve con tu aderezo favorito
5. Disfrutar.

Información Nutricional

Porciones: 1

Cantidad por porción

Calorías   508

	% Valor Diario*
Grasa Totalt 17.4g	**22%**
Grasa Saturada 6.4g	**32%**
Colesterol 27mg	**9%**
Sodio 278mg	**12%**
Carbohidratos Totales 69g	**25%**
Fibra dietética 7.7g	**27%**
Azúcares totales 48.6g	
Proteína 22.1g	
Vitamina D 1mcg	6%
Calcio 524mg	40%
Hierro 5mg	27%
Potasio 1069mg	23%

Batido de Desayuno Básico

¿No puedes cocinar el tazón de avena para tu desayuno? Bueno, ahora puedes hacer algo rápido y mejor con el batido de avena de esta fruta. Luego, la avena remojada se mezcla con plátano y fresas.

Tiempo de preparación: 10 minutos

Tiempo de cocción: 0 minutos

Alérgenos: Ausentes

Ingredientes

- 3/4 taza de leche de coco
- 1/4 taza de avena a la antigua
- 1 plátano congelado
- 1 taza de fresas congeladas
- 2 cucharadas. yogur griego
- 1 cucharadita de miel
- Una pizca de extracto de vainilla

Instrucciones

1. Remoje la avena en la leche en una licuadora. Dejar reposar durante 10 minutos.
2. Add everything else to the blender.
3. Licuar bien los ingredientes hasta que este uniforme.
4. Refrigerar hasta que esté lo suficientemente frío.
5. Sirve con tu aderezo favorito
6. Disfrutar.

Información Nutricional

Porciones: 1

Cantidad por porción

Calorías   579

	% Valor Diario*
Grasa Totalt 5.5g	7%
Grasa Saturada 2.6g	13%
Colesterol 15mg	5%
Sodio 242mg	11%
Carbohidratos Totales 84.8g	31%
Fibra dietética 8.1g	29%
Azúcares totales 54.1g	
Proteína 52.3g	

Vitamina D 1mcg	5%
Calcio 725mg	56%
Hierro 2mg	12%
Potasio 1169mg	25%

Batido de piña colada

La piña cola es el favorito personal de todos, y también este batido de piña colada que está hecho de piña, mango y plátano, todo mezclado con leche de coco y semillas de lino.

Tiempo de preparación: 10 minutos

Tiempo de cocción: 0 minutos

Alérgenos: Semilla de lino

Ingredientes

- 1 plátano
- ½ taza de piña, pelada y en rodajas
- ½ taza de mango, sin núcleo y cortado en cubitos
- 1/3 taza de leche de coco
- ¼ taza de hielo
- 1 cucharada de linaza

Instrucciones

1. Agregue todo a un procesador de alimentos.
2. Licuar bien los ingredientes hasta que este uniforme.
3. Refrigerar hasta que esté lo suficientemente frío.
4. Sirve con tu aderezo favorito
5. Disfrutar.

Información Nutricional

Porciones: 1

Cantidad por porción

Calorías 417

	% Valor Diario*
Grasa Totalt 22.1g	**28%**
Grasa Saturada 17.4g	**87%**
Colesterol 0mg	**0%**
Sodio 19mg	**1%**
Carbohidratos Totales 56.6g	**21%**
Fibra dietética 9.2g	**33%**
Azúcares totales 36.6g	
Proteína 5.5g	
Vitamina D 0mcg	0%
Calcio 42mg	3%
Hierro 4mg	22%
Potasio 919mg	

Recetas de Aves de Corral

Pollo Mediterráneo y Orzo

Vamos a infundir algunos sabores diferentes al pollo cocinado a fuego lento con una mezcla especial de especias de hierbas de Provence. Para que sea un almuerzo perfecto entre semana, combina el pollo con orzo y aceitunas. Con cocción lenta, todos los sabores están perfectamente incorporados.

Tiempo de preparación: 10 minutos

Tiempo de cocción: 2 hours 30 minutos

Alérgenos: Trigo

Ingredientes

- 1 libra de pechugas de pollo deshuesadas y sin piel, recortadas
- 1 taza de caldo de pollo bajo en sodio
- 2 tomates medianos, picados
- 1 cebolla mediana, cortada por la mitad y en rodajas
- Ralladura y jugo de 1 limón.
- 1 cucharadita de hierbas provenzales
- ½ cucharadita de sal
- ½ cucharadita de pimienta molida
- ¾ taza de orzo integral
- ⅓ taza de aceitunas negras o verdes en cuartos
- 2 cucharadas de perejil fresco picado

Instrucciones

1. Corte cada pechuga de pollo en 4 trozos del mismo tamaño.
2. Agregue el pollo, la cebolla, los tomates, la ralladura de limón, el jugo, la sal, la pimienta, la hierba de Provenza y el caldo a una olla de cocción lenta de 6 cuartos.
3. Cubra la mezcla de pollo y cocine a temperatura alta durante 2 horas.
4. Revuelva bien y agregue orzo junto con las aceitunas al plato.
5. Déjelo cocinar por 30 minutos más en modo alto.
6. Decorar con perejil y servir.
7. Disfrutar.

Información Nutricional

Porciones: 4

Cantidad por porción

Calorías   580

	% Valor Diario*
Grasa Totalt 22.4g	**29%**
Grasa Saturada 3.7g	**19%**
Colesterol 101mg	**34%**
Sodio 893mg	**39%**
Carbohidratos Totales 46.7g	**17%**
Fibra dietética 8.5g	**30%**
Azúcares totales 3.8g	
Proteína 47.9g	
Vitamina D 0mcg	0%
Calcio 34mg	3%
Hierro 2mg	11%
Potasio 490mg	10%

Sopa de Pollo y Frijoles Blancos

Un plato caliente de sopa de pollo puede ser tu forma de librarte de todo el estrés. Intente hacerlo con un puerro, salvia y frijoles blancos, la sopa se convertirá en un suplemento que aumentará la energía para usted y su familia.

Tiempo de preparación: 10 minutos

Tiempo de cocción: 15 minutos

Alérgenos: Ausentes

Ingredientes

- 2 cucharaditas de aceite de oliva virgen extra
- 2 puerros, cortados en rondas de ¼ de pulgada
- 1 cucharada de salvia fresca picada,
- 2 latas de 14 onzas de caldo de pollo reducido en sodio
- 2 tazas de agua
- 1 lata de 15 onzas de frijoles cannellini, enjuagados
- 1 pollo asado de 2 libras, sin piel, sin carne y deshilachada

Instrucciones

1. Precaliente un horno holandés con aceite a fuego medio-alto.
2. Agregue los puerros y cocine por 3 minutos, luego agregue la salvia.
3. Saltee por otros 30 segundos y agregue agua y caldo.
4. Cocine a fuego alto para que hierva.
5. Agregue el pollo y los frijoles, cocine por 3 minutos revolviendo ocasionalmente.
6. Servir caliente.

Información Nutricional

Porciones: 4

Cantidad por porción

Calorías 650

	% Valor Diario*
Grasa Totalt 12.9g	**17%**
Grasa Saturada 3.2g	**16%**
Colesterol 101mg	**34%**
Sodio 767mg	**33%**
Carbohidratos Totales 71.2g	**26%**
Fibra dietética 27.5g	**98%**
Azúcares totales 4.7g	
Proteína 62.6g	
Vitamina D 0mcg	0%
Calcio 215mg	17%
Hierro 12mg	64%
Potasio 2028mg	43%

Pollo Griego con Verduras Asadas de Primavera

Si la mezcla de las coloridas verduras asadas no es suficiente para hacer que este plato suene atractivo, considere el pollo crujiente sazonado que se hornea junto con las verduras. El crujiente y crujiente de esta receta no tiene paralelo.

Tiempo de preparación: 10 minutos

Tiempo de cocción: 20 minutos

Alérgenos: Trigo, huevo, lácteos.

Ingredientes

- 1 limón
- 1 cucharada de aceite de oliva
- 1 cucharada de queso feta desmenuzado
- ½ cucharadita de miel
- 2 (8 onzas) de pechuga de pollo, cortadas por la mitad a lo largo
- ¼ taza de mayonesa ligera
- 6 dientes de ajo picados
- ½ taza de pan rallado
- 3 cucharadas de queso parmesano rallado
- ½ cucharadita de sal kosher
- ½ cucharadita de pimienta negra
- Spray para cocinar aceite de oliva antiadherente
- 2 tazas de espárragos de 1 pulgada
- 1½ tazas de champiñones cremini frescos en rodajas
- 1½ tazas de tomates picados
- 1 cucharada de aceite de oliva
- Eneldo fresco cortado

Instrucciones

1. Coloque un molde para hornear de 15 a 10 pulgadas en el horno y precaliéntelo a más de 475° F (246° C).
2. Aplane las piezas de pollo con un mazo en una envoltura de plástico.
3. Ahora sazónalos con mayonesa y 2 dientes de ajo.
4. Mezcle las migas de pan con sal, pimienta y queso en un tazón.
5. Sumerja el pollo sazonado en la mezcla de migas para cubrir bien.
6. Sacuda el exceso y transfiera las piezas a una bandeja para hornear engrasada.
7. Hornear por 20 minutos. Voltear el pollo a la mitad.
8. Saltee el ajo restante con sal, pimienta y aceite en una cacerola.
9. Después de cocinar un minuto en tomates, luego cocine por 5 minutos.
10. Agregue los champiñones y espárragos.
11. Corte el pollo al horno en trozos pequeños.
12. Mezcle el pollo con los espárragos picantes.
13. Servir caliente con la guarnición deseada.

Información Nutricional

Porciones: 4

Cantidad por porción

Calorías 441

	% Valor Diario*
Grasa Totalt 20g	**26%**
Grasa Saturada 7.3g	**37%**
Colesterol 92mg	**31%**
Sodio 833mg	**36%**
Carbohidratos Totales 26g	**9%**
Fibra dietética 3.6g	**13%**
Azúcares totales 7.4g	
Proteína 41.5g	
Vitamina D 0mcg	0%
Calcio 342mg	26%
Hierro 4mg	20%
Potasio 796mg	17%

Pollo con Salsa de Tomate

La salsa de tomate balsámico de esta receta de pollo es la especialidad principal. El pollo chamuscado está cubierto con una salsa hecha de tomates, chalotes, vinagre y semillas de hinojo. Decora con tus ingredientes favoritos.

Tiempo de preparación: 10 minutos

Tiempo de cocción: 15 minutos

Alérgenos: Trigo, semillas

Ingredientes

- 2 pechugas de pollo de 8 onzas, deshuesadas y sin piel
- ½ cucharadita de sal, fraccionada
- ½ cucharadita de pimienta molida, fraccionada
- ¼ taza de harina blanca de trigo integral
- 3 cucharadas de aceite de oliva virgen extra, dividido
- ½ taza de tomates cherry cortados a la mitad
- 2 cucharadas de chalota en rodajas
- ¼ taza de vinagre balsámico
- 1 taza de caldo de pollo bajo en sodio
- 1 cucharada de ajo picado
- 1 cucharada de semillas de hinojo, tostadas y ligeramente trituradas
- 1 cucharada de mantequilla

Instrucciones

1. Corte las pechugas de pollo horizontalmente en 4 trozos del mismo tamaño.
2. Cubra las piezas con una lámina de plástico y aplánelas con un mazo de ¼ de pulgada de espesor.
3. Sazone con sal y pimienta.
4. Extienda la harina en un plato poco profundo y drague el pollo a través de él.

5. Sacuda el exceso de harina una vez que esté bien cubierto.

6. Caliente 2 cucharadas de aceite de cocina en una sartén grande.

7. Agregue 2 trozos de pollo a la vez para dorar durante 3 minutos por lado.

8. Transfiera este pollo a un plato y cúbralo con papel de aluminio.

9. Caliente el aceite restante en la misma sartén y agregue los tomates y la chalota.

10. Revuelva cocine por 2 minutos hasta que estén suaves y luego vierta el vinagre.

11. Deje que esta mezcla se cocine durante 45 segundos y luego agregue el caldo, las semillas de hinojo, la sal, la pimienta y el ajo.

12. Cocine por 5 minutos hasta que su salsa se reduzca a la mitad.

13. Agregue la mantequilla y sirva caliente.

Información Nutricional

Porciones: 4

Cantidad por porción

Calorías 304

	% Valor Diario*
Grasa Totalt 19.2g	**25%**
Grasa Saturada 4.8g	**24%**
Colesterol 73mg	**24%**
Sodio 107mg	**5%**
Carbohidratos Totales 9.4g	**3%**
Fibra dietética 1.7g	**6%**
Azúcares totales 1.1g	
Proteína 23.4g	
Vitamina D 2mcg	10%
Calcio 41mg	3%
Hierro 2mg	10%
Potasio 270mg	6%

Estos kebabs son famosos por su apariencia única y sabor jugoso. Y cuando se sirven con ensalada de cuscús, su sabor es aún más delicioso. Los kebabs se marinan y luego se asan hasta que estén al dente.

Tiempo de preparación: 10 minutos

Tiempo de cocción: 10 minutos

Alérgenos: Ausentes

Ingredientes

- Mitades de pechuga de pollo deshuesadas y sin piel de 1 libra, cortadas en tiras de ½ pulgada
- 1 taza de hinojo en rodajas
- ⅓ taza de vino blanco seco
- ¼ taza de jugo de limón
- 3 cucharadas de aceite de canola
- 4 dientes de ajo picados
- 2 cucharaditas de orégano seco, triturado
- ½ cucharadita de sal
- ¼ cucharadita de pimienta negra
- 1 cucharadita de aceite de oliva
- ½ taza de cuscús israelí (perla grande)
- 1 taza de agua
- ½ taza de tomates secos cortados
- ¾ taza de pimiento rojo picado
- ½ taza de pepino picado
- ½ taza de cebolla roja picada
- ⅓ taza de yogur griego sin grasa
- ¼ de taza de hojas de albahaca fresca en rodajas finas
- ¼ taza de perejil fresco cortado

- 1 cucharada de jugo de limón
- ¼ cucharadita de sal
- ¼ cucharadita de pimienta negra

Instrucciones

1. Combine el jugo de limón con vino blanco, ajo, sal, pimienta, orégano y aceite.
2. Reserve 1/4 de la marinada y vierta el resto en una bolsa de plástico.
3. Agregue pollo e hinojo a la misma bolsa. Sellar y agitar para cubrir bien.
4. Refrigere esta bolsa durante 1 hora y media al menos para marinar.
5. Remoje las brochetas de madera en agua durante 30 minutos, luego escúrralas y séquelas.
6. Retire el pollo de su adobo y luego deseche el hinojo.
7. Enhebre el pollo en los pinchos al estilo de acordeón.
8. Precaliente la parrilla, a fuego medio-alto.
9. Ase el pollo a la parrilla, por 4 minutos por lado.
10. Cepille las brochetas con la marinada reservada durante el asado.
11. Caliente 1 cucharadita de aceite de oliva a fuego medio, en una cacerola.
12. Agregue ½ taza de cuscús y revuelva cocine por 4 minutos.
13. Agregue una taza de agua y cocine hasta que hierva.

14. Cocine por 10 minutos y luego agregue los tomates.

15. Mezcle el cuscús con cebolla roja, pimiento dulce, pepino, yogur, perejil, jugo de limón, sal y pimienta.

16. Sirve las brochetas con cuscús preparado y hojas de hinojo.

Información Nutricional

Porciones: 4

Cantidad por porción

Calorías 326

	% Valor Diario*
Grasa Totalt 16.2g	**21%**
Grasa Saturada 2.6g	**13%**
Colesterol 66mg	**22%**
Sodio 355mg	**15%**
Carbohidratos Totales 13.6g	**5%**
Fibra dietética 2.5g	**9%**
Azúcares totales 3.4g	
Proteína 28.4g	
Vitamina D 0mcg	0%
Calcio 53mg	4%
Hierro 2mg	11%
Potasio 327mg	7%

Pollo Hasselback Caprese

Tiene una carga de Proteína y grasas en una sola porción.
Primero se corta el pollo en rodajas y luego se llena con
caprese y tomates. Cuando todo está horneado, puede ver un
patrón de colores atractivos y jugos de sabor que salen de los
filetes de pollo.

Tiempo de preparación: 10 minutos

Tiempo de cocción: 25 minutos

Alérgenos: Ausentes

Ingredientes

- 2 pechugas de pollo deshuesadas y sin piel
- ½ cucharadita de sal, fraccionada
- ½ cucharadita de pimienta molida, fraccionada
- 1 tomate mediano en rodajas
- 3 onzas de mozzarella fresca, cortada por la mitad y en rodajas
- ¼ de taza de pesto preparado
- 8 tazas de floretes de brócoli
- 2 cucharadas de aceite de oliva virgen extra

Instrucciones

1. Ajuste el horno a 375 ° F (190 ° C) para precalentar.
2. Preparar una bandeja para hornear con aceite en aerosol.
3. Tallar cortes transversales de 3 a 4 ½ pulgadas de largo sobre las pechugas de pollo.
4. Sazone el pollo con sal y pimienta.
5. Inserte rodajas de tomate y mozzarella en los cortes del pollo.
6. Pincel con pesto en la parte superior.
7. Coloque las pechugas de pollo en la bandeja para hornear.
8. Mezcle el brócoli con aceite, sal y pimienta en un tazón grande.
9. Extienda la mezcla de brócoli alrededor del pollo.

10. Hornee por 25 minutos.

11. Servir caliente.

Información Nutricional

Porciones: 4

Cantidad por porción

Calorías 309

	% Valor Diario*
Grasa Totalt 15.6g	**20%**
Grasa Saturada 4.6g	**23%**
Colesterol 101mg	**34%**
Sodio 502mg	**22%**
Carbohidratos Totales 2.4g	**1%**
Fibra dietética 0.4g	**2%**
Azúcares totales 0.8g	
Proteína 38.9g	
Vitamina D omcg	0%
Calcio 23mg	2%
Hierro 6mg	34%
Potasio 350mg	7%

Hamburguesas de Pavo con Queso Feta y Tzatziki

Las hamburguesas son una cosa segura cuando se trata de cualquier cocina. Estas hamburguesas están hechas de carne picada de pavo y espinacas junto con especias. Una vez que las empanadas estén asadas, se sirven con vegetales en rodajas y el pan integral.

Tiempo de preparación: 10 minutos

Tiempo de cocción: 15 minutos

Alérgenos: Trigo, Lácteos

Ingredientes

- 1 taza de espinacas picadas congeladas, descongeladas
- 1 libra de pavo molida 93% magra
- ½ taza de queso feta desmenuzado
- ½ cucharadita de ajo en polvo
- ½ cucharadita de orégano seco
- ¼ cucharadita de sal
- ¼ cucharadita de pimienta molida
- 4 bollos de hamburguesa pequeños, preferiblemente de trigo integral, divididos
- 4 cucharadas de tzatziki
- 12 rodajas de pepino
- 8 aros gruesos de cebolla roja (aproximadamente ¼ de pulgada)
- Rebanadas de tomate

Instrucciones

1. Precaliente la parrilla a fuego medio-alto.
2. Exprima el líquido de la espinaca.
3. Mezcle esta espinaca con queso feta, pavo picado, sal, pimienta, orégano y ajo en polvo en un tazón.
4. Mezcle bien y prepárese para empanadas pequeñas con esta mezcla.
5. Engrase las parrillas y coloque las empanadas en la parrilla.
6. Cocine las empanadas por 6 minutos por lado.
7. Coloque la empanada cocinada en los bollos con rodajas de pepino, rodajas de tomate, aros de cebolla, tzatziki.
8. Servir caliente.

Información Nutricional

Porciones: 4

Cantidad por porción

Calorías 508

	% Valor Diario*
Grasa Totalt 16.9g	**22%**
Grasa Saturada 6.1g	**31%**
Colesterol 104mg	**35%**
Sodio 738mg	**32%**
Carbohidratos Totales 60.5g	**22%**
Fibra dietética 6.2g	**22%**
Azúcares totales 20.9g	
Proteína 34.7g	
Vitamina D omcg	0%
Calcio 358mg	28%
Hierro 6mg	33%
Potasio 1430mg	30%

Una comida ligera y saludable para todos los que luchan
contra la obesidad o el aumento de peso. Ofrece un conjunto
completo de nutrientes con más proteínas y fibras. El pollo al

horno se desmenuza y se agrega a la colorida mezcla de quinua.

Tiempo de preparación: 10 minutos

Tiempo de cocción: 15 minutos

Alérgenos: Nueces

Ingredientes

- 1 libra de pechugas de pollo deshuesadas y sin piel, recortadas
- ¼ cucharadita de sal
- ¼ cucharadita de pimienta molida
- 1 frasco de 7 onzas de pimientos rojos asados, enjuagados
- ¼ taza de almendras rebanadas
- 4 cucharadas de aceite de oliva virgen extra, dividido
- 1 diente de ajo pequeño, machacado
- 1 cucharadita de pimentón
- ½ cucharadita de comino molido
- ¼ cucharadita de pimiento rojo picado (opcional)
- 2 tazas de quinua cocida
- ¼ taza de aceitunas Kalamata sin hueso, picadas
- ¼ taza de cebolla roja finamente picada
- 1 taza de pepino cortado en cubitos

- ¼ taza de queso feta desmenuzado
- 2 cucharadas de perejil fresco finamente picado

Instrucciones

1. Coloque la rejilla del horno en la parte superior del horno.
2. Precaliente el horno a temperatura de asar.
3. Coloque una bandeja para hornear con papel de aluminio y póngala a un lado.
4. Sazone el pollo con sal y pimienta.
5. Colóquelo en la bandeja para hornear y asarlo por 15 minutos.
6. Una vez hecho, deje que el pollo se enfríe durante 5 minutos y luego transfiéralo a una tabla de cortar.
7. Rebana y desmenuza el pollo.
8. Mezcle las almendras, pimienta, pimentón, ajo, 1 cucharada de aceite, comino y pimiento rojo en una licuadora.
9. Mezcle la quinua con la cebolla roja, 2 cucharadas de aceite, las aceitunas y la quinua en un tazón.
10. Divida la mezcla de quinua en los tazones y cubra con pepino, pollo desmenuzado y salsa de pimiento rojo.
11. Decorar con perejil y queso feta.
12. Servir.

Información Nutricional

Porciones: 4

Cantidad por porción

Calorías   741

	% Valor Diario*
Grasa Totalt 33.7g	**43%**
Grasa Saturada 6.7g	**33%**
Colesterol 109mg	**36%**
Sodio 548mg	**24%**
Carbohidratos Totales 62.1g	**23%**
Fibra dietética 8.2g	**29%**
Azúcares totales 3.6g	
Proteína 48.4g	
Vitamina D 0mcg	0%
Calcio 144mg	11%
Hierro 7mg	37%
Potasio 967mg	21%

Sopa de Pollo y Espinacas con Pesto Fresco

El pesto tiene este sabor distintivo de albahaca que complementa con razón el sabor básico de esta sopa de pollo y espinacas. Primero, la sopa se cocina a fuego lento, y cuando se hace se mezcla con pesto para sazonar.

Tiempo de preparación: 10 minutos

Tiempo de cocción: 10 minutos

Alérgenos: Trigo, Lácteos

Ingredientes

- 2 cucharaditas 1 cucharada de aceite de oliva virgen extra
- ½ taza de zanahoria, cortada en cubitos
- 1 pechuga grande de pollo deshuesada, cortada en 4 piezas
- 1 diente de ajo grande, picado
- 5 tazas de caldo de pollo o caldo
- 1½ cucharaditas de mejorana, secas
- 6 onzas de espinacas tiernas picadas en trozos grandes
- 1 lata de 15 onzas de frijoles cannellini, enjuagados
- ¼ taza de queso parmesano rallado
- ⅓ taza de hojas frescas de albahaca ligeramente empaquetadas
- Pimienta recién molida al gusto
- ¾ taza de picatostes de pan integral o de hierbas

Instrucciones

1. Engrase un horno holandés con 2 cucharaditas de aceite y caliéntelo.

2. Agregue la zanahoria y el pollo. Cocine el pollo por 4 minutos por lado.

3. Agregue el ajo y saltee por 1 minuto.

4. Agregue la mejorana y el caldo. Déjalo cocinar hasta que hierva.

5. Reduzca el fuego del caldo a fuego lento durante 5 minutos.

6. Transfiera el pollo a una tabla de cortar con una cuchara ranurada.

7. Agregue frijoles y espinacas a la sopa. Cocine por otros 5 minutos.

8. Mezcle el queso parmesano, la albahaca y el aceite en una licuadora hasta que quede suave.

9. Corte el pollo en trozos pequeños y agréguelos a la sopa.

10. Revuelva el pesto de albahaca y ajuste la sazón con pimienta.

11. Decorar con picatostes.

12. Servir.

Información Nutricional

Porciones: 4

Cantidad por porción

Calorías 597

	% Valor Diario*
Grasa Totalt 8.7g	**11%**
Grasa Saturada 1.3g	7%
Colesterol 73mg	**24%**
Sodio 1136mg	**49%**
Carbohidratos Totales 72.8g	**26%**
Fibra dietética 28.4g	**101%**
Azúcares totales 4.1g	
Proteína 57.6g	
Vitamina D 0mcg	0%
Calcio 254mg	20%
Hierro 12mg	66%
Potasio 2471mg	53%

Pollo Mediterráneo con Patatas

Esta combinación de vegetales con pollo es difícil de resistir para todos. Está hecho de pollo jugoso y vegetales cocidos que incluyen principalmente papas rojas, aceitunas y corazones de alcachofa.

Tiempo de preparación: 10 minutos

Tiempo de cocción: 40 minutos

Alérgenos: Lácteos

Ingredientes

- 4 cucharaditas de ajo picado, dividido
- 1 cucharada de aceite de oliva
- 1 cucharadita de sal, dividida
- 1/4 cucharadita de tomillo seco
- 1/2 cucharadita de pimienta negra, dividida
- 12 papas rojas pequeñas, cortadas a la mitad (aproximadamente 1 1/2 libras)
- Spray para cocinar
- 2 libras de pechuga de pollo, cortada en trozos pequeños
- 1 taza de cebolla roja, en rodajas
- 3/4 taza de vino blanco seco
- 3/4 taza de caldo de pollo
- 1/2 taza de pimientos pepperoncini picados
- 1/4 taza de aceitunas kalamata sin hueso, cortadas a la mitad
- 2 tazas de tomate ciruela picada
- 2 cucharadas de albahaca fresca picada
- 1 lata (14 onzas) de corazones de alcachofa, en cuartos
- 1/2 taza (2 onzas) de queso parmesano fresco rallado
- Ramitas de tomillo (opcional)

Instrucciones

1. Ajuste el horno a 400° F (200° C) para precalentar.
2. Mezcle la sal, el ajo, el aceite, el tomillo, las papas y la pimienta negra en un tazón.
3. Extiéndalos en una bandeja para hornear y hornee por 30 minutos a 400° F (204° C).
4. Engrase un horno holandés con aceite en aerosol y caliéntelo a fuego medio.
5. Sazone el pollo con sal y pimienta.
6. Dorar este pollo por 5 minutos por lado.
7. Cocine el pollo en dos lotes. Transfiera el pollo a un plato.
8. Agregue la cebolla a la misma sartén por 5 minutos.
9. Agregar el vino y desglasar la sartén. Cocine la mezcla hasta que se reduzca a 1/3 de taza.
10. Agregue pollo, caldo, papas, aceitunas y pepperoncini.
11. Saltee durante 3 minutos y luego agregue ajo, sal, albahaca, alcachofas, tomates.
12. Cocine por otros 3 minutos.
13. Decorar con ramitas de tomillo y queso.
14. Servir.

Información Nutricional

Porciones: 6

Cantidad por porción

Calorías 534

	% Valor Diario*
Grasa Totalt 9.1g	**12%**
Grasa Saturada 2.6g	**13%**
Colesterol 88mg	**29%**
Sodio 701mg	**30%**
Carbohidratos Totales 66.8g	**24%**
Fibra dietética 10.4g	**37%**
Azúcares totales 6.3g	
Proteína 43.8g	

Vitamina D 0mcg	0%
Calcio 89mg	7%
Hierro 5mg	28%
Potasio 1888mg	40%

Pollo al Olivo

No hay muchas verduras agregadas al pollo en esta receta; Es una mezcla aromática de jugos de pollo y salsa mixta de tomates en la que se cocina el pollo. Una vez hecho, se cubre con las aceitunas para servir y disfrutar.

Tiempo de preparación: 10 minutos

Tiempo de cocción: 35 minutos

Alérgenos: Ausentes

Ingredientes

- 2 cucharaditas de aceite de oliva
- 2 cucharadas de vino blanco
- 6 mitades de pechuga de pollo deshuesadas y sin piel
- 3 dientes de ajo picados
- 1/2 taza de cebolla picada
- 3 tazas de tomates picados
- 1/2 taza de vino blanco
- 2 cucharaditas de tomillo fresco picado
- 1 cucharada de albahaca fresca picada
- 1/2 taza de aceitunas kalamata
- 2 bulbos de hinojo, cortados por la mitad
- 1/4 taza de perejil fresco picado
- sal y pimienta al gusto

Instrucciones

1. Aceite tibio con 2 cucharadas de vino blanco en una sartén grande a fuego medio.
2. Agregue el pollo y cocine por 6 minutos por lado.
3. Transfiera el pollo a un plato.
4. Agregue el ajo y saltee durante 30 segundos.
5. Agregue la cebolla al sofrito por 3 minutos.
6. Agregue el hinojo, los tomates y deje que hierva.

7. Reduzca el fuego y luego agregue media taza de vino blanco, cocine por 10 minutos.

8. Agregue la albahaca y el tomillo, cocine por 5 minutos.

9. Regrese el pollo cocido a la sartén.

10. Cubra la sartén y cocine a fuego lento bajo el pollo, todo está listo.

11. Revuelva el perejil y las aceitunas.

12. Cocine por 1 minuto y ajuste la sazón con sal y pimienta.

13. Servir caliente.

Información Nutricional

Porciones: 6

Cantidad por porción

Calorías 428

% Valor Diario*

Grasa Totalt 13.7g	**18%**
Grasa Saturada 4.4g	**22%**
Colesterol 173mg	**58%**
Sodio 211mg	**9%**
Carbohidratos Totales 6.1g	**2%**
Fibra dietética 1.9g	**7%**
Azúcares totales 2.9g	
Proteína 67.9g	
Vitamina D omcg	0%
Calcio 35mg	3%
Hierro 3mg	18%
Potasio 257mg	

Pollo con Queso y Tomate

Esta receta de pollo se usa principalmente para servir la pasta. Su contenido de queso y textura cremosa lo hacen perfecto para cubrir su pasta penne hervida. Asegúrese de usar la pasta integral para obtener el mejor sabor y nutrientes.

Tiempo de preparación: 10 minutos

Tiempo de cocción: 15 minutos

Alérgenos: Trigo, Lácteos

Ingredientes:

- 4 pechugas de pollo

- 2 cucharadas de ajo picado o pasta de ajo
- Sal y pimienta al gusto
- 1 cucharada de orégano seco, fraccionado
- 1/2 taza de vino blanco seco
- jugo de 1 limón grande
- 1/2 taza de caldo de pollo
- 1 taza de cebolla roja finamente picada
- 1 1/2 taza de tomates pequeños cortados en cubitos
- 1/4 taza de aceitunas verdes en rodajas
- Un puñado de tallos de perejil fresco removido, picado
- Queso feta desmenuzado, opcional

Instrucciones

1. Tallar tres cavidades sobre las pechugas de pollo en cada uno de sus lados.
2. Frote ambos lados con ajo e insértelos en las ranuras.
3. Sazone el pollo con orégano, sal y pimienta.
4. Caliente una sartén de hierro con 2 cucharadas de aceite de oliva, a fuego medio.
5. Dorar el pollo por ambos lados.
6. Agregue el vino blanco, el jugo de limón y el caldo.
7. Reduzca el fuego, cubra el pollo y cocine por 10 minutos.
8. Retire la tapa y luego agregue aceitunas, tomates y cebollas.
9. Cocine por 3 minutos, luego decore con queso feta y perejil.
10. Servir caliente con pasta.

Información Nutricional

Porciones: 4

Cantidad por porción

Calorías 309

% Valor Diario*

Grasa Totalt 4.4g	**6%**
Grasa Saturada 0.2g	**1%**
Colesterol 130mg	**43%**
Sodio 365mg	**16%**
Carbohidratos Totales 8.1g	**3%**
Fibra dietética 2.2g	**8%**
Azúcares totales 3.4g	
Proteína 54.1g	
Vitamina D 0mcg	0%
Calcio 52mg	4%
Hierro 3mg	16%
Potasio 359mg	8%

Pollo Asado Mediterráneo

El pollo asado siempre suena delicioso cuando planeas una cena festiva. Y cuando puede servirlo con champiñones, espárragos, frijoles y muchas hierbas y especias secas, el trato se vuelve irresistible.

Tiempo de preparación: 10 minutos

Tiempo de cocción: 45 minutos

Alérgenos: Ausentes

Ingredientes

- 2 cucharadas de perejil fresco, picado
- 1 cucharada de orégano fresco
- 1 cucharada de albahaca fresca picada
- ¼ cucharadita de sal
- 1 cucharadita de romero fresco, picado
- ¼ cucharadita de pimienta negra molida
- 1½ libras de muslos de pollo, deshuesados y sin piel
- 8 oz. champiñones, cortados en cubitos
- 1 cebolla roja, en rodajas
- ½ taza de pimiento rojo y / o verde picado
- 2 dientes de ajo picados
- 1 cucharada de aceite de oliva
- Lanzas de espárragos de 1 libra, cortadas y cortadas
- 1 lata (16 onzas) de frijoles cannellini
- 1 taza de tomates cherry, cortados en cubitos
- 10 aceitunas kalamata sin hueso, en rodajas
- 2 cucharadas de vinagre balsámico

Instrucciones

1. Ajuste el horno a 425 ° F (218 ° C) para precalentar.

2. Capa 2 Bandeja para hornear de 15x10 pulgadas, con papel de aluminio. Mantener a un lado.

3. Combine el orégano, el romero, la albahaca, la sal, la pimienta y el perejil en un tazón.

4. Coloque el pollo en las sartenes y sazone con la mezcla de hierbas generosamente.

5. Mezcle los champiñones con pimiento, ajo, cebolla y aceite juntos.

6. Agregue esta mezcla a la sartén alrededor del pollo.

7. Asarlos durante 30 minutos y continuar lanzándolos después de 10 minutos.

8. Agregue frijoles, espárragos, tomates, aceitunas y vinagre balsámico y la mezcla de albahaca a las bandejas de pollo.

9. Hornee nuevamente por 15 minutos.

10. Servir caliente.

Información Nutricional

Porciones: 4

Cantidad por porción

Calorías   498

	% Valor Diario*
Grasa Totalt 8.6g	**11%**
Grasa Saturada 0.6g	**3%**
Colesterol 109mg	**36%**
Sodio 497mg	**22%**
Carbohidratos Totales 52.7g	**19%**
Fibra dietética 19.3g	**69%**
Azúcares totales 4.4g	
Proteína 56.1g	
Vitamina D 204mcg	1021%
Calcio 186mg	14%
Hierro 9mg	53%
Potasio 1889mg	40%

No hay muchas recetas que puedas preparar fácilmente con una calabaza. Pero este con pollo y hierbas secas más especias no solo es rápido de hacer, sino que también es súper delicioso.

Tiempo de preparación: 10 minutos

Tiempo de cocción: 25 minutos

Alérgenos: Semillas, Lácteos

Ingredientes

- 2½ libras de calabaza bellota
- 3 cucharadas de aceite de oliva virgen extra, fraccionado
- 2 cucharadas de mostaza integral, fraccionada
- 3 dientes de ajo picados
- 1 cucharada de romero fresco picado
- 1 cucharadita de ralladura de limón rallada
- 2 cucharadas de jugo de limón, fraccionado
- 1 cucharadita de pimienta molida, dividida
- ½ cucharadita de sal, dividida
- 1 libra de pechuga de pollo deshuesada y sin piel
- 1 cucharada de jarabe de arce puro
- 1½ cucharaditas de hojas frescas de tomillo
- 8 tazas de ensalada mixta de verduras
- 4 cucharaditas de queso parmesano rallado
- 4 cucharaditas de semillas de calabaza tostadas saladas

Instrucciones

1. Ajuste el horno a 425 ° F (218 ° C) para precalentar.
2. Forre una bandeja para hornear con aceite en aerosol.
3. Rebane la calabaza a lo largo y retire sus semillas.
4. Corte la carne en dados en rodajas de 1 pulgada.
5. Mezcle 1 cucharada de aceite, mostaza, romero, ajo, jugo de limón y ralladura, pimienta y sal en un tazón.

6. Agregue el pollo y la calabaza en rodajas. Mezclar bien para cubrir todas las piezas.

7. Extiéndalos en una bandeja para hornear en una sola capa.

8. Hornee por 22 minutos hasta que estén doradas.

9. Transfiera el pollo a la tabla de cortar y córtelo en dados.

10. Combine 2 cucharadas de aceite, ½ cucharada de mostaza, tomillo, pimienta, sal, jarabe de arce y 1 ½ cucharadas de jugo de limón en un recipiente aparte.

11. Mezcle las verduras y mezcle bien para cubrir.

12. Divida las verduras sazonadas en los platos para servir, cubra con la misma cantidad de pollo y calabaza.

13. Decorar con parmesano y semillas de calabaza.

14. Servir caliente.

Información Nutricional

Porciones: 4

Cantidad por porción

Calorías 794

	% Valor Diario*
Grasa Totalt 16.8g	**22%**
Grasa Saturada 3g	**15%**
Colesterol 78mg	**26%**
Sodio 559mg	**24%**
Carbohidratos Totales 139.9g	**51%**
Fibra dietética 19g	**68%**
Azúcares totales 3.2g	
Proteína 39.7g	
Vitamina D 0mcg	0%
Calcio 545mg	42%
Hierro 13mg	71%
Potasio 5084mg	108%

Pollo al Limón y Tomillo

Es una buena comida de fiesta que es amada por todos por sus alevines de papa. Se hornean con pollo sazonado. El pollo con tomillo y limón se calcina en la sartén una vez que está completamente condimentado con especias y jugo de limón.

Tiempo de preparación: 10 minutos

Tiempo de cocción: 20 minutos

Alérgenos: Ausentes

Ingredientes

- 4 cucharaditas de aceite de oliva virgen extra, dividido
- 1 cucharadita de tomillo seco triturado, dividido
- ½ cucharadita de sal kosher
- ¼ cucharadita de pimienta negra recién molida
- 1 libra de papas alevines a la mitad a lo largo
- 4 pequeñas mitades de pechuga de pollo deshuesadas y sin piel
- 2 dientes de ajo picados
- 1 limón, en rodajas finas

Instrucciones

1. Caliente 2 cucharaditas de aceite en una sartén a fuego medio.
2. Agregue ½ cucharadita de tomillo, pimienta, sal y papas.
3. Revuelva la cocción por un minuto, luego cúbrala y cocine por 12 minutos con agitación ocasional.
4. Empuje las papas hacia un lado, luego agregue el aceite restante y coloque el pollo en ellas.
5. Dorar las piezas de pollo por 5 minutos por lado.
6. Espolvorea cada lado ½ cucharadita de tomillo.
7. Coloque rodajas de limón sobre el pollo y cubra nuevamente la sartén.

8. Cocine por 10 minutos hasta que el pollo esté listo.

9. Servir caliente.

Información Nutricional

Porciones: 4

Cantidad por porción

Calorías   483

	% Valor Diario*
Grasa Totalt 9.4g	**12%**
Grasa Saturada 0.7g	**4%**
Colesterol 195mg	**65%**
Sodio 523mg	**23%**
Carbohidratos Totales 18.8g	**7%**
Fibra dietética 2.1g	**7%**
Azúcares totales 1.2g	
Proteína 80.3g	
Vitamina D 0mcg	0%
Calcio 20mg	2%
Hierro 3mg	19%
Potasio 526mg	11%

Tablas de Conversión

Mantequilla o azúcar extrafina	
1 copa	225 g
1/2 copa	115 g
1/3 copa	70 g
1/4 copa	60 g
2 Cda.	30 g
Azúcar granulada, azucar clara o morena	
1 copa	200 g
1/2 copa	100 g
1/3 copa	70 g
1/4 copa	50 g
2 Cda.	25 g
Harina para todo uso o de pan	
1 copa	150 g
1/2 copa	75 g
1/3 copa	50 g
1/4 copa	35 g
Harina de Pastel y Pastelería, Azúcar en polvo, Harina de Arroz o Pan Rallado	
1 copa	130 g
1/2 copa	65 g
1/3 copa	45 g
1/4 copa	32 g
Polvo de cacao, maicena, almendra molida	
1 copa	120 g
1/2 copa	60 g
1/3 copa	40 g
1/4 copa	30 g
Copos de avena, pacanas enteras, nueces enteras	
1 copa	100 g
1/2 copa	50 g
1/3 copa	35 g
1/4 copa	25 g

Otros ingredientes		
Harina de centeno	1 copa	120 g
Mantequilla de maní	1 copa	250 g
Avellanas enteras	1 copa	135 g
Almendras enteras	1 copa	160 g
Almendras laminadas	1 copa	100 g
Migas de Graham	1 copa	225 g
Chips de chocolate	1 copa	275 g
Coco	1 copa	100 g
Pasas de Corinto	1 copa	160 g
Pasas	1 copa	150 g
Arándanos secos	1 copa	140 g
Arándanos frescos	1 copa	110 g
Miel	1 copa	300 g
Melaza	1 copa	260 g
Puré de calabaza	1 copa	250 g
Artículos de Medida Pequeña		
Levadura seca	1 paquete	8 g
Gelatina en polvo	1 Cda.	7 g
Levadura en polvo	1 ctda.	3 g
Bicarbonato de sodio	1 ctda.	5 g
Sal (fina)	1 ctda.	5 g
Canela y otras especias (pimienta de Jamaica, nuez moscada, clavo, etc.)	1 ctda.	3 g
Jengibre recién rallado	1 Cda.	6 g

EL LIBRO COMPLETO DE COCINA MEDITERRANEA
EDICIÓN 2019

Vol. 2

1001 Jugosas, Vibrantes y Deliciosas Recetas para Vivir y Comer Bien Todos los Días, Hoy y Mañana

Por

Alexa Riley Webster

Recetas de Carne de Res, Cerdo y Cordero

Solomillo de Cerdo con Orzo

Cuando el lomo chamuscado se sirve con pasta orzo bien cocida, hace que esta receta sea irresistible para todos. El orzo se cocina con espinacas, tomates y queso feta; entonces el cerdo se revuelve.

Tiempo de preparación: 05 minutos

Tiempo de cocción: 10 minutos

Alérgenos: Lácteos

Ingredientes:

- 1-1 / 2 libras de lomo de cerdo
- 1 cucharadita de pimienta molida gruesa
- 2 cucharadas de aceite de oliva
- 3 cuartos de agua
- 1-1 / 4 tazas de pasta orzo cruda
- 1/4 cucharadita de sal
- 1 paquete (6 onzas) de espinacas frescas para bebé
- 1 taza de tomates uva, cortados por la mitad
- 3/4 taza de queso feta desmenuzado

Instrucciones:

1. Corte el cerdo en cubitos después de sazonarlo con pimienta.
2. Tome una sartén y precaliente el aceite a fuego medio.
3. Agregue los cubos de carne de cerdo y dore por 10 minutos hasta que se vuelvan de color marrón.
4. Mientras tanto, deje hervir el agua en un horno holandés.
5. Agregue sal junto con orzo y deje que se cocine durante 8 minutos.
6. Agregue las espinacas y cocine el orzo por 1 minuto más, luego drene.

7. Agregue los tomates, la carne de cerdo, el queso feta y el resto de los ingredientes.
8. Agregue el orzo escurrido y mezcle suavemente.
9. Servir caliente.

Información Nutricional

Porciones: 4

Cantidad por porción

Calorías 683

	% Valor Diario*
Grasa Totalt 20.2g	**26%**
Grasa Saturada 7g	**35%**
Colesterol 201mg	**67%**
Sodio 616mg	**27%**
Carbohidratos Totales 74.5g	**27%**
Fibra dietética 1.5g	**5%**
Azúcares totales 2.5g	
Proteína 49.8g	
Vitamina D 0mcg	0%
Calcio 233mg	18%
Hierro 7mg	39%
Potasio 1075mg	23%

Chuletas de Cerdo

Las chuletas de cerdo sazonadas se chamuscan y luego se cocinan en una mezcla picante con tomates y aceitunas, por eso las chuletas están llenas de sabor crujiente y jugoso. Además, la mezcla picante se sirve queso feta y perejil encima.

Tiempo de preparación: 05 minutos

Tiempo de cocción: 20 minutos

Alérgenos: Lácteos

Ingredientes:

Chuletas de cerdo

- 1 libra de chuleta de lomo de cerdo deshuesada
- spray de cocina, para cubrir
- sal de ajo, al gusto
- pimienta negra molida, al gusto
- 1 cucharadita de aceite de oliva
- 1 taza de cebolla roja picada
- 2 dientes de ajo picados
- 1 limón, jugo de
- 1 cucharada de vinagre balsámico
- 1 cucharada de mostaza Dijon integral
- ¼ cucharadita de sal marina
- ¼ cucharadita de pimienta negra molida
- ½ cucharadita de orégano seco
- 2 paquetes (1 onza) de Splenda
- 2 cucharadas de alcaparras
- 8 onzas de tomates uva, enteros
- ½ taza de aceitunas Kalamata sin hueso, enteras

Aderezos

- 2 cucharadas de perejil fresco, picado hasta arriba
- queso feta, en la parte superior (opcional)

Instrucciones:

1. cubra las chuletas de cerdo con aceite, sal de ajo y pimienta generosamente.
2. Use la parrilla o el horno para cocinar las chuletas.
3. Precaliente el horno para hornear, hasta 375 ° F (190 ° C).
4. Hornee las chuletas en el horno precalentado hasta que estén cocidas por ambos lados.
5. Durante este tiempo, vierta el aceite en una sartén y caliéntelo.
6. Agregue la cebolla y saltee durante 5 minutos, luego agregue el ajo.
7. Revuelva durante 2 minutos y luego agregue el resto de los ingredientes.
8. Continúe salteando por 5 minutos más.
9. Vierta esta mezcla sobre las chuletas horneadas.
10. Decorar con queso feta y perejil.
11. Disfrutar.

Información Nutricional

Porciones: 2

Cantidad por porción

Calorías   734

                                    % Valor Diario*

Grasa Totalt 36.9g	**47%**
Grasa Saturada 10.9g	**55%**
Colesterol 151mg	**50%**
Sodio 1092mg	**47%**
Carbohidratos Totales 44.8g	**16%**
Fibra dietética 5.1g	**18%**
Azúcares totales 34.6g	
Proteína 44.9g	
Vitamina D 0mcg	0%
Calcio 78mg	6%
Hierro 4mg	25%
Potasio 426mg	9%

Ajo y Romero Asado de Cerdo Mediterráneo

El romero asado de cerdo es famoso por sus sabores suaves y terrosos. El asado de cerdo está sazonado con hierbas secas de romero, pimienta negra y sal generosamente. El asado se cocina primero en la sartén y luego se hornea en el horno.

Tiempo de preparación: 05 minutos

Tiempo de cocción: 35 minutos

Alérgenos: Ausentes

Ingredientes:

- 2 a 2 y 1/2 lb. de solomillo de cerdo asado
- 3 dientes de ajo, cortados en rodajas a lo largo
- Hojas de una ramita de romero fresco (aproximadamente 3 docenas de hojas)
- 1 cucharadita de sal
- 1/2 cucharadita de pimienta negra
- 2 cucharadas de aceite de oliva

Instrucciones:

1. Deje que su horno se precaliente a 121 ° C (250 ° F).
2. Tallar 12 ranuras profundas sobre los asados de cerdo con un cuchillo afilado.
3. Rellene estas ranuras con rodajas de romero y ajo.
4. Rocíe sal y pimienta encima y sazone el asado generosamente.
5. Tome una sartén adecuada y precaliente el aceite en ella.
6. Coloque el asado en la sartén y cocínelo hasta que se dore por ambos lados.
7. Transfiera esta asadera al horno precalentado y hornee por 70 minutos.
8. Voltee el asado después de 35 minutos de cocción.
9. Rebane y sirva con ensalada.

Información Nutricional

Porciones: 6

Cantidad por porción

Calorías	363

	% Valor Diario*
Grasa Totalt 18.7g	**24%**
Grasa Saturada 5.7g	**28%**
Colesterol 150mg	**50%**
Sodio 498mg	**22%**
Carbohidratos Totales 0.6g	**0%**
Fibra dietética 0.1g	**0%**
Azúcares totales 0g	
Proteína 46.1g	

Vitamina D 0mcg	0%
Calcio 44mg	3%
Hierro 2mg	12%
Potasio 8mg	0%

Tanto el arroz como el cerdo se cocinan en el aderezo de vinagreta que infunde un gran sabor en la receta. Una vez que el arroz se cocina con tomates y judías verdes, la carne de cerdo cocinada en una cuarta parte del aderezo se sirve encima de ellos.

Tiempo de preparación: 05 minutos

Tiempo de cocción: 30 minutos

Alérgenos: Lácteos

Ingredientes:

- 1/2 taza de tomate secado al sol
- ½ taza de aderezo de vinagreta
- 1 taza de judías verdes congeladas cortadas
- 1 lata (14 oz.) De caldo de pollo sin sodio reducido en grasa
- 2 tazas de arroz blanco instantáneo, sin cocinar
- 1 lomo de cerdo (1 libra), cortado en forma transversal en 8 rebanadas
- 1 cucharadita de hojas secas de romero, trituradas
- 1 taza de tomates ciruela picados
- 2 cucharadas de queso parmesano rallado

Instrucciones:

1. Tome una cacerola y caliente ¼ de taza del aderezo de vinagreta.
2. Una vez caliente, agregue el frijol a un cocinero durante 1 minuto.
3. Vierta el caldo y caliéntelo hasta que hierva, luego cocínelo durante 3 minutos a fuego lento.
4. Agregue el arroz y cocine por 5 minutos más a fuego lento.
5. Por otro lado, machaca el cerdo con un mazo y sazona con romero.
6. Caliente el ¼ de taza restante del aderezo en una sartén.
7. Agregue carne para cocinar durante 4 minutos por lado.
8. Sirva la carne de cerdo cocida con el arroz preparado.

Información Nutricional

Porciones: 4

Cantidad por porción

Calorías	**466**

	% Valor Diario*
Grasa Totalt 12.1g	**16%**
Grasa Saturada 3.4g	**17%**
Colesterol 71mg	**24%**
Sodio 1101mg	**48%**
Carbohidratos Totales 51.6g	**19%**
Fibra dietética 3.4g	**12%**
Azúcares totales 8.2g	
Proteína 35g	
Vitamina D 0mcg	0%
Calcio 178mg	14%
Hierro 5mg	30%
Potasio 870mg	19%

Chuletas de Cerdo con Queso Azul

Las chuletas de cerdo a la parrilla son fáciles de preparar y de servir, y se sazonan con pimienta de cayena y se sirven con queso azul, tomate, romero y aderezo italiano. Se puede servir mejor con la ensalada fresca.

Tiempo de preparación: 05 minutos

Tiempo de cocción: 20 minutos

Alérgenos: Lácteos

Ingredientes:

- 2 cucharadas de aderezo para ensaladas italianas sin grasa embotellado
- Pizca de pimienta de cayena
- 4 chuletas de lomo de cerdo con hueso de 5 a 6 onzas
- ¼ de taza de queso azul desmenuzado y descremado (1 onza)
- 1 cucharada de romero fresco cortado

Instrucciones:

1. Precaliente el horno a temperatura de asar.
2. Mezcle el aderezo para ensaladas con pimienta de cayena.
3. Cepille esta mezcla de aderezo a ambos lados de las chuletas de cerdo generosamente.
4. Coloque las chuletas de cerdo en la bandeja de asar, forradas con una lámina de aluminio.
5. Ase las chuletas de cerdo en el asador 10 minutos aproximadamente 4 pulgadas por debajo de la fuente de calor.
6. Voltee las chuletas después de 5 minutos de asado.
7. Sirva las chuletas con queso y romero.
8. Disfruta.

Información Nutricional

Porciones: 4

Cantidad por porción

Calorías	**506**

	% Valor Diario*
Grasa Totalt 21.6g	**28%**
Grasa Saturada 3.7g	**18%**
Colesterol 193mg	**64%**
Sodio 246mg	**11%**
Carbohidratos Totales 3.3g	**1%**
Fibra dietética 0.9g	**3%**
Azúcares totales 1.6g	
Proteína 70.8g	

Vitamina D 0mcg	0%
Calcio 56mg	4%
Hierro 1mg	8%
Potasio 139mg	3%

Pastel de Carne de Pimienta Asada

Disfruta de un nuevo y delicioso giro con tu pastel de carne con esta receta de pimientos asados. La combinación picante de carne picada se hornea con migajas para obtener una mordida crujiente cada vez. Sirva caliente con pan fresco para obtener el mejor sabor.

Tiempo de preparación: 10 minutos

Tiempo de cocción: 1hr 30 minutos

Alérgenos: Trigo

Ingredientes

- 1 frasco de 12 onzas de pimientos rojos asados, escurridos
- 1½ tazas de pan rallado integral
- 2 huevos, ligeramente batidos
- ⅓ taza de salsa de tomate comprada
- ½ taza de albahaca fresca cortada
- ¼ taza de perejil fresco de hoja plana cortado
- ½ cucharadita de sal
- ¼ cucharadita de pimienta negra molida
- 2 libras de carne molida 95 por ciento magra
- Perejil fresco cortado de hoja plana

Instrucciones

1. Deje que su horno se precaliente a 350° F (177° C).
2. Pique finamente los pimientos asados y agréguelos a un tazón.
3. Agregue las migas, la albahaca, la sal, el producto de huevo, la pimienta negra, el perejil y la salsa de tomate.
4. Una vez bien combinado, agregue la carne molida y mezcle nuevamente para combinar.
5. Use un molde para pan y engrase con aceite en aerosol.
6. Extienda una capa uniforme de carne en el molde para pan.
7. Hornee el pan de res por 1 hora y 20 minutos en el horno precalentado.
8. Una vez hecho esto, retire el pan de su sartén después de enfriarlo durante 10 minutos.
9. Rebane y sirva para disfrutar con pan.

Información Nutricional

Porciones: 6

Cantidad por porción

Calorías   346

	% Valor Diario*
Grasa Totalt 18.2g	**23%**
Grasa Saturada 5.6g	**28%**
Colesterol 157mg	**52%**
Sodio 334mg	**15%**
Carbohidratos Totales 20.8g	**8%**
Fibra dietética 4.3g	**15%**
Azúcares totales 7.9g	
Proteína 27.9g	

Vitamina D 8mcg	39%
Calcio 34mg	3%
Hierro 6mg	31%
Potasio 843mg	18%

Brochetas de Carne con Hierbas

No hay nada más delicioso que tener que disfrutar de jugosas brochetas de carne de res, y cuando se sazona con una combinación de hierbas secas, jugo de limón y especias básicas, estas brochetas se vuelven irresistibles. Son mejores para agregar a su menú de barbacoa.

Tiempo de preparación: 15 minutos

Tiempo de cocción: 20 minutos

Alérgenos: Ausentes

Ingredientes:

- 2 libras. solomillo de ternera, cortado en cubos
- 3 dientes de ajo picados
- 1 cucharada de ralladura de limón fresca
- 1 cucharada de perejil fresco, picado
- 2 cucharaditas de tomillo fresco, picado
- 2 cucharaditas de romero fresco, picado
- 2 cucharaditas de orégano seco
- 4 cucharadas de aceite de oliva
- 2 cucharadas de jugo de limón fresco
- Sal marina y pimienta negra recién molida
- Brochetas de madera o metal.

Instrucciones:

1. Use todos los ingredientes excepto la carne de res para preparar la marinada.
2. Mezcle bien juntos primero en un tazón y luego ajuste la sazón según el gusto.
3. Coloque la carne de res en esta marinada y voltéela para cubrir bien por todos los lados.
4. Marinar la carne en el refrigerador por 20 minutos o toda la noche.
5. Aproximadamente 30 minutos antes de la porción, prepare la parrilla y precaliéntela.

6. Mientras tanto, retire la carne de su adobo y comience a enhebrarla en los pinchos.

7. Ase cada brocheta por 4 minutos por lado en una rejilla engrasada.

8. Verifique si la carne está lista, luego transfiera la carne a la parrilla al plato para servir.

9. Sirve inmediatamente con su salsa favorita.

Información Nutricional

Porciones: 6

Cantidad por porción

Calorías 531

	% Valor Diario*
Grasa Totalt 21.4g	**27%**
Grasa Saturada 10.4g	**52%**
Colesterol 24mg	**8%**
Sodio 163mg	**7%**
Carbohidratos Totales 57.9g	**21%**
Fibra dietética 3.7g	**13%**
Azúcares totales 4.6g	
Proteína 30.1g	
Vitamina D 0mcg	0%
Calcio 277mg	21%
Hierro 3mg	16%
Potasio 370mg	8%

Verduritas de Cordero

Para agregar más colores a su plato mediterráneo, pruebe esta receta de pierna de cordero, que es un paquete completo de Proteínas, minerales y vitaminas. Las espigas al horno se cocinan con verduras.

Tiempo de preparación: 15 minutos

Tiempo de cocción: 2hrs. 45 minutos

Alérgenos: Ausentes

Ingredientes:

Para la mezcla de especias

- 2 1/4 cucharadita de ajo en polvo
- 1 cucharadita de pimentón dulce español
- 1 cucharadita de sal
- 1 cucharadita de pimienta negra recién molida
- 3/4 cucharadita de nuez moscada molida

Para Cordero

- 6 astas de cordero
- 2 cucharadas de aceite de oliva
- 1 cebolla amarilla mediana, picada
- 2 costillas de apio picadas
- 3 zanahorias grandes, peladas y cortadas en cubitos
- 1 libra de papas baby, fregadas
- 2 tazas de vino tinto seco
- 3 tazas de caldo de res bajo en sodio
- 1 lata (28 oz) de tomates pelados
- 2 palitos de canela
- 4 ramitas de tomillo fresco
- 2 ramitas de romero fresco

Instrucciones:

1. Deje que su horno se precaliente a 350° F (177° C)
2. Tome un tazón adecuado y mezcle todas las especias en este.
3. Seque las espigas dándoles palmaditas con una toalla de papel.
4. Frote la mezcla de especias sobre el cordero generosamente.
5. Ponga un horno holandés a fuego medio-alto y vierta 2 cucharadas de aceite en el mismo.
6. Agregue los vástagos al aceite para quemar por 5 a 8 minutos por lado.
7. Retire el exceso de grasa del horno holandés y agregue cebollas, zanahorias, apio y papas.
8. Saltee todas las verduras durante 7 minutos aproximadamente y luego agregue el vino tinto.
9. Primero, desglasar la olla y luego agregar tomates, canela, romero, caldo y tomillo.
10. Use más sal y pimienta para ajustar el condimento según el gusto.
11. Después de 10 minutos de cocción, apague el fuego y cubra el horno holandés.
12. Coloque este horno holandés cubierto en el horno precalentado.
13. Dejar reposar durante 2.5 horas hasta que la carne esté al dente.
14. Siga agregando más agua si la carne se seca.
15. Dar un suave y servir tibio.

Información Nutricional

Porciones: 6

Cantidad por porción

Calorías 369

	% Valor Diario*
Grasa Totalt 18.9g	**24%**
Grasa Saturada 5g	**25%**
Colesterol 135mg	**45%**
Sodio 102mg	**4%**
Carbohidratos Totales 1.7g	**1%**
Fibra dietética 0.6g	**2%**
Azúcares totales 0.2g	
Proteína 46.2g	
Vitamina D 0mcg	0%
Calcio 26mg	2%
Hierro 29mg	163%
Potasio 643mg	14%

Asado a la Parrilla de Londres

Calienta tus parrillas y prepara un bistec jugoso en casa con esta receta de asado a la parrilla de Londres. Un bistec está aromatizado con una mezcla jugosa de ajo, sidra y especias básicas. Estos ingredientes, junto con el fuerte sabor ahumado, hacen que este bistec sea imprescindible para cada mesa.

Tiempo de preparación: 15 minutos

Tiempo de cocción: 15minutos

Alérgenos: Ausentes

Ingredientes:

- 1/4 taza de vinagre de vino tinto
- 1 cucharada de vinagre de manzana
- 2 dientes de ajo picados
- 1 cucharadita de orégano seco
- 1/2 cucharadita de pimienta negra recién molida
- 1/4 taza de aceite de oliva
- 2 libras de carne, London Broil

Instrucciones:

1. Agregue aceite, pimienta, ajo, vinagre y orégano a una bolsa Ziplock.
2. Cierre esta bolsa para sellar y agite bien, para mezclar la marinada.
3. Coloque el filete en esta marinada y vuelva a sellar la bolsa.
4. Refrigere el bistec durante 2 horas para marinar.
5. Aproximadamente 30 minutos antes, prepare la parrilla y precaliente.
6. Retire el filete de su adobo y colóquelo en la parrilla engrasada.
7. Cocine durante 7 minutos por lado en la parrilla.

8. Una vez hecho, deje que el bistec se enfríe sobre una rejilla durante 5 minutos.

9. Sirva caliente con su salsa favorita.

Información Nutricional

Porciones: 6

Cantidad por porción

Calorías 541

	% Valor Diario*
Grasa Totalt 31.3g	40%
Grasa Saturada 9.9g	50%
Colesterol 134mg	45%
Sodio 173mg	8%
Carbohidratos Totales 0.7g	0%
Fibra dietética 0.2g	1%
Azúcares totales 0.1g	
Proteína 60.5g	
Vitamina D 0mcg	0%
Calcio 32mg	2%
Hierro 7mg	37%
Potasio 686mg	15%

Pasta de Cordero y Queso

Si está buscando una delicia rica en queso, este horneado de pasta de cordero es la opción perfecta para usted. La pasta mixta de queso se superpone a la mezcla de cordero salteado. Se hornea hasta que se derrita.

Tiempo de preparación: 10 minutos

Tiempo de cocción: 1hr. 40 minutos

Alérgenos: Trigo, Lácteos

Ingredientes:

- 1 cucharada de aceite de oliva
- 1 cebolla grande picada
- 2 dientes de ajo, machacados
- 1 lb. de carne picada de cordero magra
- 1 cucharadita de canela molida
- 1 cubo de caldo de res o cordero
- 2 x 14 oz. latas de tomates picados
- 1 cucharada de orégano seco
- 14 oz. Pasta penne
- 1 1/4 taza de ricota
- 1/4 taza de parmesano rallado
- ¼ taza de leche
- pan de ajo, para servir (opcional)

Instrucciones:

1. tome una sartén mediana y caliente el aceite en ella.
2. Agregue la cebolla, saltee durante 10 minutos y luego agregue el ajo.
3. Después de cocinar por un minuto agregue la carne picada de cordero.
4. Revuelva la cocción hasta que se vuelva de color marrón.
5. Agregue orégano, canela, tomates y cubitos de caldo.

6. Cubra esta mezcla picante y cocine por 10 minutos con agitación ocasional.

7. Mientras tanto, hierve agua para cocinar los macarrones hasta que estén al dente.

8. Drene y enjuague los macarrones con agua fría.

9. Deje que su horno se precaliente a 375 ° F (191 ° C).

10. Tome un tazón grande y mezcle el queso parmesano, la leche, el condimento y la ricota.

11. Agregue los macarrones escurridos y mezcle con la mezcla de queso.

12. Engrase una fuente para hornear adecuada con aceite en aerosol y unte la salsa de cordero.

13. Cúbralo con la mezcla de penne y queso de manera uniforme.

14. Coloque el plato en el horno precalentado para hornear durante 30 minutos.

15. Servir caliente.

Información Nutricional

Porciones: 6

Cantidad por porción

Calorías 544

	% Valor Diario*
Grasa Totalt 21.4g	**27%**
Grasa Saturada 10.4g	**52%**
Colesterol 24mg	**8%**
Sodio 163mg	**7%**
Carbohidratos Totales 57.9g	**21%**
Fibra dietética 3.7g	**13%**
Azúcares totales 4.6g	
Proteína 30.1g	
Vitamina D 0mcg	0%
Calcio 277mg	21%
Hierro 3mg	16%
Potasio 370mg	8%

Molinetes de Carne de Espinacas

El molinete de carne es un encanto para cada mesa. La carne picada y sazonada se rellena con una capa de espinacas y queso. Tal filete se enrolla y se corta; luego se hornea bien para dar una empanada de carne en forma de molinete.

Tiempo de preparación: 15 minutos

Tiempo de cocción: 45 minutos

Alérgenos: Lácteos

Ingredientes:

- 1 filete de carne de res (2 lbs.)
- 1/3 taza de jugo de limón
- 2 cucharadas de aceite vegetal
- 2 cucharadas de hojas secas de orégano
- 1/3 taza de tapenade de aceitunas
- 1 taza de espinacas congeladas, picadas
- 1/4 taza de queso feta bajo en grasa desmenuzado
- 4 tazas de uva o tomates cherry
- 1/2 cucharadita de sal

Instrucciones:

1. Primero, coloca el filete entre dos láminas de plástico y golpéalo con un mazo.
2. Tome un tazón adecuado y agregue todos los ingredientes de la marinada.
3. Coloque la carne machacada en un plato poco profundo y vierta sobre la marinada.
4. Cubra bien la carne con la marinada.
5. Cubra este plato y refrigere por 4 horas para marinar.
6. Deje que su horno se precaliente a 425 ° F (218 ° C).
7. Tome una fuente de horno adecuada y cúbrala con papel pergamino.
8. Retire la carne de la marinada y colóquela sobre una superficie de corte.

9. Agregue la capa de tapenade, espinacas y queso feta sobre el filete de carne.

10.   Comience a enrollar este filete a un lado del rectángulo y haga un rollo.

11. Átalo con hilo de carnicero en diferentes lugares para mantener la carne enrollada.

12.   Corte este rollo en sección transversal en 6 molinetes.

13.   Coloque estas rebanadas con su lado cortado hacia abajo en la fuente para hornear.

14.   Vierta el adobo sobrante sobre los molinetes.

15.   Colóquelos en el horno precalentado durante 35 minutos aproximadamente.

16.   Servir de inmediato.

Información Nutricional

Porciones: 4

Cantidad por porción

Calorías 569

	% Valor Diario*
Grasa Totalt 22.4g	**29%**
Grasa Saturada 7.5g	**37%**
Colesterol 205mg	**68%**
Sodio 538mg	**23%**
Carbohidratos Totales 18.2g	**7%**
Fibra dietética 2g	**7%**
Azúcares totales 15.5g	
Proteína 71.3g	
Vitamina D 0mcg	0%
Calcio 75mg	6%
Hierro 44mg	245%
Potasio 1194mg	25%

Filete de Ternera Glaseado Romesco

Si te encanta disfrutar de Romesco de vez en cuando, esta receta de filete de res te atrapará por su sabor y aroma. El filete a la parrilla se sirve con salsa Romesco encima junto con hummus, piñones, aceitunas y queso feta.

Tiempo de preparación: 10 minutos

Tiempo de cocción: 15 minutos

Alérgenos: Ausentes

Ingredientes:

- Filetes de solomillo de res de 1 libra, deshuesados, cortados de 1 pulgada de grosor
- 1/4 taza de hojas de orégano fresco picado
- 1 cucharada de cáscara de limón rallada
- 1 cucharada más 1 cucharadita de ajo picado
- 1 cucharadita de pimienta
- 1 pepino mediano, en rodajas finas
- 3 cucharadas de jugo de limón fresco
- 1/4 cucharadita de pimienta
- 2 cucharadas de salsa Romesco
- 1 taza de hummus

Instrucciones:

1. Tome un plato poco profundo y coloque los filetes de carne en este plato.
2. Frote las especias secas a ambos lados de los filetes generosamente.
3. Prepare la parrilla y precaliéntela a fuego medio.
4. Coloque el bistec sazonado sobre las parrillas engrasadas de la parrilla.
5. Ase el filete durante 14 minutos mientras lo voltea cada 5 minutos.
6. Mientras tanto, mezcle el pepino con pimienta y jugo de limón en un tazón adecuado.

7. Agregue los ingredientes para la Romesco en un procesador de alimentos.

8. Coloque el filete a la parrilla en el plato para servir y córtelo en rodajas.

9. Rociar con sal, pimienta y salsa Romesco.

10. Agregue hummus, tiras de pepino, aceitunas, queso feta y piñones al mismo plato.

11. Servir de inmediato.

Información Nutricional

Porciones: 4

Cantidad por porción

Calorías   355

	% Valor Diario*
Grasa Totalt 14.4g	**18%**
Grasa Saturada 3.9g	**19%**
Colesterol 101mg	**34%**
Sodio 330mg	**14%**
Carbohidratos Totales 16.5g	**6%**
Fibra dietética 6.6g	**23%**
Azúcares totales 2g	
Proteína 40.8g	
Vitamina D 0mcg	0%
Calcio 118mg	9%
Hierro 25mg	141%
Potasio 816mg	17%

Brochetas de Carne de Menta

Estas brochetas están hechas de carne picada. La carne se mezcla con menta, pimienta de Jamaica y otras especias y luego se asa a la parrilla en brochetas en forma de kebab. Estas brochetas saben riquísimas cuando se sirven con salsa de pesto o salsa de menta salada.

Tiempo de preparación: 15 minutos

Tiempo de cocción: 15 minutos

Alérgenos: Ausentes

Ingredientes:

- Carne de res molida de 1 libra (93% magra o magra)
- 1/2 taza de cebolla picada
- 1 cucharada de aceite de oliva
- 1/2 cucharadita de sal
- 1/2 cucharadita de cilantro molido
- 1/2 cucharadita de comino molido
- 1/4 cucharadita de canela molida
- 1/4 cucharadita de pimienta de Jamaica
- 1/4 cucharadita de hojas de menta secas

Instrucciones:

1. Combine la carne con sal, pimienta de Jamaica, cilantro, aceite, cebolla, menta, canela y comino en un tazón.
2. Tome cada brocheta y haga un kebab alargado con esta mezcla de carne.
3. Coloque todos los pinchos de kebab en una bandeja poco profunda y refrigérelos durante 10 minutos.
4. Mientras tanto, prepare la parrilla a fuego medio.
5. Engrasa las parrillas y asa los kebabs por 5 minutos por lado o más.
6. Servir de inmediato.

Información Nutricional

Porciones: 2

Cantidad por porción

Calorías 496

	% Valor Diario*
Grasa Totalt 21.3g	27%
Grasa Saturada 6.4g	32%
Colesterol 203mg	68%
Sodio 733mg	32%
Carbohidratos Totales 3.3g	1%
Fibra dietética 0.9g	3%
Azúcares totales 1.2g	
Proteína 69.2g	
Vitamina D 0mcg	0%
Calcio 20mg	2%
Hierro 43mg	240%
Potasio 970mg	21%

La bandeja de cordero es una cena perfecta para una cena de fin de semana para satisfacer todas sus necesidades. Es una mezcla tanto del buen sabor como de una gran combinación de nutrientes. Las empanadas de cordero picadas se hornean sobre una capa de jugosas verduras.

Tiempo de preparación: 15 minutos

Tiempo de cocción: 40 minutos

Alérgenos: Trigo, Lácteos

Ingredientes:

- 1/4 taza de migas de pan blanco fresco
- 1 1/4 taza de carne picada de cordero
- 1 huevo batido
- 2 cebollas, cortadas a la mitad
- puñado de menta grande, picado
- 2 papas grandes, cortadas en trozos
- 2 calabacines, cortados en bastones
- 12 tomates cherry
- 2 cucharadas de aceite de oliva
- 1/4 taza de queso feta, desmenuzado

Instrucciones:

1. Deje que su horno se precaliente a 350° F (177° C).

2. Mezcle la carne picada de cordero con las migajas, el condimento y el huevo en un recipiente de vidrio.

3. Agregue la mitad de la cebolla rallada y la menta picada.

4. Después de mezclarlo todo, haga 8 empanadas pequeñas.

5. Coloque las empanadas en una asadera y cúbralas con rodajas de cebolla, papas, tomates y calabacines.

6. Cubra las empanadas con aceite y condimento, luego hornee por 40 minutos.

7. Una vez hecho, adorne estas empanadas con el resto de menta y queso feta.

8. Servir de inmediato.

Información Nutricional

Porciones: 4

Cantidad por porción

Calorías 599

	% Valor Diario*
Grasa Totalt 28.3g	**36%**
Grasa Saturada 9.9g	**50%**
Colesterol 132mg	**44%**
Sodio 279mg	**12%**
Carbohidratos Totales 57.1g	**21%**
Fibra dietética 11.4g	**41%**
Azúcares totales 16.7g	
Proteína 32.8g	
Vitamina D 4mcg	19%
Calcio 164mg	13%
Hierro 5mg	25%
Potasio 2284mg	49%

Recetas de Sopa

Sopa de Frijoles Cannellini

Un plato de sopa cocinado con vegetales gruesos y frijoles es lo que puede alegrarle el día. La calida receta se cocina con un montón de líquido de cocción, simplemente sazonador, frijoles cannellini y coberturas de queso.

Tiempo de preparación: 10 minutos

Tiempo de cocción: 1 hr. 15minutos

Alérgenos: Lácteos

Ingredientes:

- 8 oz. frijoles Cannellini secos
- 4 cucharadas de aceite de oliva
- 1 cebolla finamente picada
- 3 dientes de ajo, finamente picados
- 1 tallo de apio, picado
- 3 ramitas de tomillo fresco
- 2 hojas de laurel
- ¼-½ cucharadita de pimienta
- 5 tazas de agua
- 1 cucharadita. sal
- ½ limón (jugo)
- 3 cucharadas de aceite de oliva
- 2 chalotes, cortados en aros
- Queso parmesano afeitado
- Aceite de oliva virgen extra para rociar

Instrucciones:

1. Llene un recipiente grande con agua hasta 2/3 de su capacidad y remoje los frijoles durante la noche.
2. Escurra los frijoles remojados al día siguiente y déjelos a un lado.
3. Deje que el aceite se caliente en una sartén a fuego medio.
4. Agregue la cebolla y saltee hasta que se dore.

5. Agregue el ajo y revuelva cocine por 1 minuto.

6. Agregue pimienta negra, frijoles, tomillo, laurel y apio.

7. Agregue agua a la base de la sopa y cocine hasta que hierva.

8. Luego cocine la mezcla durante 1 hora a fuego lento hasta que los frijoles estén al dente.

9. Deseche las hojas de laurel y ajuste la sazón con jugo de limón y sal.

10. Mientras tanto, saltee los chalotes durante 5 minutos en una sartén engrasada y caliente.

11. Decore la sopa de frijoles cocidos con parmesano, aceite de oliva y cebolla salteada.

12. Servir al instante.

Información Nutricional

Porciones: 4

Cantidad por porción

Calorías 327

	% Valor Diario*
Grasa Totalt 14.6g	**19%**
Grasa Saturada 2.1g	**11%**
Colesterol 0mg	**0%**
Sodio 28mg	**1%**
Carbohidratos Totales 38.3g	**14%**
Fibra dietética 15.2g	**54%**
Azúcares totales 2.5g	
Proteína 13.9g	
Vitamina D 0mcg	0%
Calcio 119mg	9%
Hierro 6mg	33%
Potasio 870mg	19%

Sopa de Cebada Roja

La cebada es una fuente de nutrientes esenciales, fibras y vitaminas, siendo el ingrediente básico de esta sopa, la hace altamente nutritiva para personas de todas las edades. Y eso no es todo; la cebada se combina con lentejas rojas, vegetales mixtos y salsa de tomate.

Tiempo de preparación: 10 minutos

Tiempo de cocción: 60 minutos

Alérgenos: Ausentes

Ingredientes:

- ½ lb. de lentejas rojas secas, pequeñas
- ½ taza de cebada
- ½ taza de aceite de oliva
- 2 cebollas pequeñas, cortadas en cubitos
- 2 zanahorias medianas, cortadas en cubitos
- 1 tallo de apio
- 6 dientes de ajo
- 2 hojas de laurel
- 1½ tazas de salsa de tomate
- 7 tazas de agua
- 1-2 cucharaditas. pimentón ahumado
- 1 cucharada de orégano griego seco
- 1 cucharadita de sal
- pimienta negra al gusto
- 3 cucharadas de vino tinto o vinagre balsámico
- Queso para servir
- Cubitos de pan integral, para servir

Instrucciones:

1. Lave las lentejas con agua fría y enjuague adecuadamente.

2. Agregue esas lentejas a una olla de tamaño adecuado

3. Vierta suficiente agua para cubrir las lentejas.

4. Cocine primero hasta que hierva y luego cocine a fuego lento durante 5 minutos.

5. Agregue la cebada, junto con todos los demás ingredientes.

6. Después de agregar 6 tazas de agua a la olla, cúbrala para cocinar por 40 minutos.

7. Verifique la consistencia de la sopa y cocine más durante 5-10 minutos hasta que espese.

8. Deseche las hojas de laurel y adorne con queso.

9. Servir caliente con pan.

Información Nutricional

Porciones: 4

Cantidad por porción

Calorías 470

	% Valor Diario*
Grasa Totalt 26.9g	**34%**
Grasa Saturada 3.8g	**19%**
Colesterol 0mg	**0%**
Sodio 2391mg	**104%**
Carbohidratos Totales 51.5g	**19%**
Fibra dietética 13.2g	**47%**
Azúcares totales 18g	
Proteína 11.8g	
Vitamina D 0mcg	0%
Calcio 119mg	9%
Hierro 6mg	33%
Potasio 1552mg	33%

Sopa Toscana de Frijoles

Qué más se puede pedir cuando su pasta favorita, frijoles y todas las verduras se juntan en un solo tazón de sopa. Es por eso que la sopa de frijoles toscanos se sirve como una comida completa en sí misma.

Tiempo de preparación: 10 minutos

Tiempo de cocción: 20 minutos

Alérgenos: Trigo, Lácteos

Ingredientes:

- 4 onzas. panceta, cortada en cubos pequeños
- 3 cucharadas de aceite de oliva
- 1 cebolla finamente picada
- 1 zanahoria, pelada y picada finamente
- 1 tallo de apio, picado finamente
- 3 dientes de ajo picados
- 1 ramita de romero fresco, picado
- 1 pepperoncino, picado, opcional
- 16 onzas. tomates ciruela italianos enlatados, en puré
- 1 libra de frijoles cocidos con arándanos
- 3-4 tazas de caldo de pollo, caliente
- 1 cucharadita de sal
- Pimienta al gusto
- ½ lb. de pasta ditalini (u otra pasta de tamaño pequeño)
- 1 cucharada de mantequilla
- 5 cucharadas de queso Parmigiano Reggiano, rallado

Instrucciones:

1. Coloque una sartén a fuego medio con aceite de cocina.
2. Agregue los cubos de panceta y saltee hasta que estén dorados por todos los lados.
3. Agregue la cebolla, el apio y la zanahoria, saltee durante 2 minutos.

4. Agregue el ajo, el pepperoncino y el romero, cocine hasta que las verduras estén suaves.

5. Agregue los tomates con sus jugos. Cocine por 5 minutos.

6. Agregue los frijoles escurridos, cocine por otros 10 minutos.

7. Agregue condimentos y caldo. para cocinar pasta, hierve esta sopa.

8. Agregue la pasta y cocine la sopa hasta que esté al dente.

9. Aplasta suavemente los frijoles en la sopa y luego agrega queso y mantequilla.

10. Ajuste el condimento y luego sirva caliente.

Información Nutricional

Porciones: 6

Cantidad por porción

Calorías   486

	% Valor Diario*
Grasa Totalt 20.9g	**27%**
Grasa Saturada 6.7g	**33%**
Colesterol 33mg	**11%**
Sodio 1322mg	**57%**
Carbohidratos Totales 54.5g	**20%**
Fibra dietética 10.5g	**38%**
Azúcares totales 6g	
Proteína 23.2g	
Vitamina D 1mcg	7%
Calcio 155mg	12%
Hierro 4mg	20%
Potasio 636mg	14%

Sopa Minestrone

No se puede disfrutar de una dieta mediterránea sin agregar un plato de sopa minestrone a su menú de rutina. Esta sopa está hecha con una combinación de verduras, como zanahorias, apio y repollo, que se cocinan en caldo caliente junto con frijoles y pasta.

Tiempo de preparación: 10 minutos

Tiempo de cocción: 20 minutos

Alérgenos: gluten, lácteos

Ingredientes:

- ¼ taza de aceite de oliva
- 1 cebolla picada
- 2 zanahorias picadas
- 2 tallos de apio picados
- 3 dientes de ajo picados
- 1 cucharadita de sal
- ¼ cucharadita de pimienta
- 2 tazas de agua
- 4 tazas de caldo de pollo
- ½ taza de salsa de tomate
- 3 ramitas de tomillo fresco
- 1 hoja de laurel
- 2 tazas de espinacas o acelgas picadas
- 1 taza de repollo Napa, picado
- 1 lata de frijoles cannellini
- ⅔ taza de pasta ditalini
- 1 pizca de hojuelas de pimiento rojo
- Cintas de queso parmesano para decorar
- Aceite de oliva virgen extra para rociar

Instrucciones:

1. Tomar una olla y calientar el aceite de oliva.
2. Agregue el apio, la cebolla y las zanahorias, saltee hasta que estén suaves.
3. Agregue sal, pimienta y ajo, revuelva y cocine por 1 min.
4. Vierta el caldo, el agua, la salsa de tomate y agregue tomillo y laurel.
5. Hervir la sopa y luego agregar hojuelas de pimiento rojo, espinacas y repollo.
6. Cocine la sopa hasta que las verduras se ablanden.
7. Agregue la pasta y cocine hasta que esté al dente.
8. Decorar con jugo de limón, queso parmesano y aceite de oliva.
9. Servir de inmediato.

Información Nutricional

Porciones: 4

Cantidad por porción

Calorías 346

	% Valor Diario*
Grasa Totalt 13.9g	**18%**
Grasa Saturada 2g	**10%**
Colesterol 0mg	**0%**
Sodio 1573mg	**68%**
Carbohidratos Totales 44.6g	**16%**
Fibra dietética 14.3g	**51%**
Azúcares totales 6.5g	
Proteína 14.6g	
Vitamina D 0mcg	0%
Calcio 146mg	11%
Hierro 5mg	29%
Potasio 1064mg	23%

Sopa Griega de Albóndigas

La sopa de albóndigas griega es un manjar especial de los estados mediterráneos, y se sirve y ama principalmente debido a la mezcla única de huevo y limón que se agrega a la sopa una vez que se cocina.

Tiempo de preparación: 10 minutos

Tiempo de cocción: 30 minutos

Alérgenos: Trigo, huevo

Ingredientes:

Para las albóndigas

- 1 libra de carne molida magra
- ½ taza de arroz de grano medio
- 1 cebolla pequeña rallada
- ½ perejil fresco, picado
- 3 cucharadas de eneldo fresco, picado
- 1½ cucharadita de sal
- ½ cucharadita de pimienta
- 2 cucharadas de aceite de oliva
- 2 cucharadas de agua
- ½ taza de harina integral

Para el caldo de huevo-limón

- 1 huevo entero y dos yemas de huevo
- 3-4 cucharadas de jugo de limón (un medio limón)
- 2 cucharaditas de maicena

Instrucciones:

1. Revuelva la carne con arroz, eneldo, sal, perejil, agua, aceite de oliva, pimienta y cebolla en un tazón adecuado.

2. Cubra esta mezcla de carne y colóquela en el refrigerador por 15 minutos.

3. Use esta mezcla para hacer 30 albóndigas del tamaño de pelotas de golf.

4. Prepare la sopa hirviendo 8 tazas de agua en una olla grande.

5. Agregue ½ cucharadita de sal y 3 cucharadas de aceite de oliva.

6. Coloque las albóndigas en esta sopa y cúbrala parcialmente.

7. Cocine la sopa durante 30 minutos aproximadamente, a fuego lento.

8. Batir el huevo con las yemas en un tazón adecuado hasta que esté espumoso.

9. Mezcle la maicena con el jugo de limón.

10. Vierta gradualmente la lechada de maicena en la sopa mientras revuelve la sopa.

11. Una vez que la sopa se vuelva cremosa, agregue la mezcla de huevo con agitación.

12. Decorar con aceite de oliva y perejil.

13. Disfrutar.

Información Nutricional

Porciones: 4

Cantidad por porción

Calorías 480

	% Valor Diario*
Grasa Totalt 17.9g	**23%**
Grasa Saturada 4.9g	**24%**
Colesterol 224mg	**75%**
Sodio 131mg	**6%**
Carbohidratos Totales 35.1g	**13%**
Fibra dietética 1.5g	**5%**
Azúcares totales 1.3g	
Proteína 42.6g	
Vitamina D 12mcg	58%
Calcio 74mg	6%
Hierro 25mg	138%
Potasio 661mg	14%

Sopa de Zuchini

Esta sopa de calabacín con champiñones es famosa por su máxima riqueza. Desde champiñones picados hasta calabacines en rodajas, zanahorias, papas, apio y garbanzos, todo es parte de esta sopa.

Tiempo de preparación: 10 minutos

Tiempo de cocción: 20 minutos

Alérgenos: Piñones

Ingredientes:

- Aceite de oliva
- 8 oz. rodajas de champiñones Bella
- 2 calabacines de tamaño mediano, con la parte superior retirada, cortada en rodajas o medias lunas
- 1 manojo de perejil de hoja plana, picado
- 1 cebolla amarilla o roja mediana, picada
- 2 dientes de ajo picados
- 2 costillas de apio picadas
- 2 zanahorias, peladas, picadas
- 2 papas doradas, peladas y cortadas en cubitos
- 1 cucharadita de cilantro molido
- 1/2 cucharadita de polvo de cúrcuma
- 1/2 cucharadita de pimentón dulce
- 1/2 cucharadita de tomillo
- Sal y pimienta
- 1 lata de 32 onzas de tomates enteros pelados
- 2 hojas de laurel
- 6 tazas de caldo de hueso de pavo
- 1 lata de 15 oz de garbanzos, enjuagados y escurridos
- Ralladura de 1 lima
- Zumo de 1 lima
- 1/3 taza de piñones tostados, opcional

Instrucciones:

1. Precaliente 1 cucharada de aceite de oliva en una olla de Hierro a fuego medio.

2. Agregue los champiñones y saltee durante 4 minutos.

3. Transfiera los champiñones a un plato plano y déjelos a un lado.

4. Mezcle el calabacín en rodajas en la olla y saltee durante 5 minutos aproximadamente.

5. Nuevamente, transfiera el calabacín salteado a un plato.

6. Caliente más aceite en esa misma sartén y agregue apio, papas, ajo y cebolla.

7. Revuelva cocine estas verduras durante 7 minutos.

8. Sazone la mezcla con pimienta, sal y otras especias.

9. Agregue las hojas de laurel, los tomates y el caldo. Cocine esta sopa hasta que hierva.

10. Cubra la sopa con una tapa y ahora cocine a fuego lento durante 5 minutos aproximadamente.

11. . Destape la sopa y luego agregue los garbanzos, los champiñones salteados y el calabacín.

12. Deje que la sopa se cocine por 5 minutos más, luego adorne con piñones.

13. Servir caliente.

Información Nutricional

Porciones: 6

Cantidad por porción

Calorías   470

	% Valor Diario*
Grasa Totalt 10.2g	**13%**
Grasa Saturada 0.9g	**5%**
Colesterol 0mg	**0%**
Sodio 1040mg	**45%**
Carbohidratos Totales 78.9g	**29%**
Fibra dietética 18.9g	**68%**
Azúcares totales 16.7g	
Proteína 22.6g	
Vitamina D 0mcg	0%
Calcio 131mg	10%
Hierro 7mg	41%
Potasio 1974mg	42%

Sopa de Verduras a la Parrilla

Esta sopa es una delicia vegetariana perfecta para cada ocasión. Sin especias ni condimentos adicionales, esta sopa es todo vegetales, caldo, tomate y albahaca. Se sirve caliente con ricotta y pan de centeno para un mejor sabor.

Tiempo de preparación: 10 minutos

Tiempo de cocción: 25 minutos

Alérgenos: Ausentes

Ingredientes:

- 14 oz. mezcla de verduras a la parrilla congelada: pimientos, berenjena, cebolla, calabacines
- 2 cucharadas de ajo picado
- puñado de hojas de albahaca
- 14 oz. lata tomate picado
- 1 cubo de caldo de verduras con bajo contenido de sal

Instrucciones:

1. Saltee el ajo en una sartén engrasada y caliente durante 30 segundos.
2. Agregue la mitad de las verduras y saltee por 5 minutos.
3. Agregue 2 tazas de agua, tomates y cubitos de caldo.
4. Revuelva hasta que esta mezcla esté bien combinada y suave.
5. Use una batidora de mano para hacer puré esta mezcla.
6. Agregue la mitad restante de las verduras y cocine por 20 minutos.
7. Disfrutar.

Información Nutricional

Porciones: 2

Cantidad por porción

Calorías 171

	% Valor Diario*
Grasa Totalt 2.9g	**4%**
Grasa Saturada 1.7g	**8%**
Colesterol 10mg	**3%**
Sodio 406mg	**18%**
Carbohidratos Totales 27.3g	**10%**
Fibra dietética 7.7g	**28%**
Azúcares totales 5.8g	
Proteína 9.3g	
Vitamina D 0mcg	0%
Calcio 144mg	11%
Hierro 2mg	10%
Potasio 371mg	8%

Sopa Napoletana Hoki

La salsa para pasta de esta sopa le da un sabor único a todas las sopas de verduras. Está hecho de caldo de pescado y filetes de Hoki, por eso la sopa es una fuente directa de mariscos y varios vitaminas y minerales.

Tiempo de preparación: 10 minutos

Tiempo de cocción: 20 minutos

Alérgenos: Ausentes

Ingredientes:

- 1 libra de salsa de pasta Napoletana (tomate y albahaca)
- 2 tazas de caldo de pescado
- 2 calabacines, finamente rebanados
- 1 bulbo de hinojo, finamente rebanado
- 1 libra de filete de hoki, descongelado
- puñado de hojas de albahaca, desgarradas
- 1 cucharadita de chile chipotle en salsa de adobo o pasta de chile, para servir
- 5 cucharadas de crema Fraiche media grasa, para servir

Instrucciones:

1. Tome una sartén grande y mezcle la salsa para pasta con el caldo.
2. Después de hervir esta sopa, déjala hervir a fuego lento durante 3 minutos.
3. Agregue los calabacines y el hinojo, luego cocine por 2 minutos.

4. Agregue los filetes de hoki a la sopa después de cortarlos en trozos.
5. Deje cocinar por 3 minutos a fuego lento.
6. Ajuste el condimento y agregue albahaca a la sopa.
7. Mezcle la crema fresca con pasta de chile y sazone en un tazón pequeño.
8. Decora la sopa con esta cremosa Fraiche sazonada.
9. Disfrutar.

Información Nutricional

Porciones: 4

Cantidad por porción

Calorías   459

	% Valor Diario*
Grasa Totalt 21.8g	**28%**
Grasa Saturada 3.7g	**18%**
Colesterol 17mg	**6%**
Sodio 1312mg	**57%**
Carbohidratos Totales 44.5g	**16%**
Fibra dietética 5.7g	**20%**
Azúcares totales 7.5g	
Proteína 18.6g	
Vitamina D 0mcg	0%
Calcio 131mg	10%
Hierro 2mg	12%
Potasio 667mg	14%

Sopa de Apio Blanco

Es una sopa de nuez cremosa que está hecha de base de papa y apio. La sopa está aromatizada con la crema de soya, lo que le da un aspecto turbio y riqueza al sabor. Se sirve caliente con avellanas y aceite de trufa.

Tiempo de preparación: 10 minutos

Tiempo de cocción: 40 minutos

Alérgenos: soja, avellanas

Ingredientes:

- 1 cucharada de aceite de oliva
- tomillo pequeño
- 2 hojas de laurel
- 1 cebolla picada
- 1 diente de ajo picado
- 1 apio, pelado y picado
- 1 papa (aproximadamente 7 oz.), Picada
- 4 tazas de caldo de verduras
- 1/2 taza de crema de soya
- 1/4 taza de avellanas blanqueadas, tostadas y picadas
- 1 cucharada de aceite de trufa, más una llovizna extra para servir

Instrucciones:

1.   Precaliente el aceite de cocina a fuego lento en una cacerola adecuada.
2.   Ate todas las ramitas de tomillo con hojas de laurel y coloque este racimo en la sartén.

3. Agregue la cebolla junto con una pizca de sal. Saltee por 10 minutos hasta que esté suave.

4. Agregue el ajo, revuelva cocine por un minuto y luego agregue el apio y la papa.

5. Ajuste el condimento con sal y pimienta.

6. Vierta el caldo y cocine hasta que hierva, luego cocine a fuego lento la sopa durante 30 minutos.

7. Deseche el manojo de hierbas y agregue crema a la sopa.

8. Haga puré la sopa después de apagar el fuego usando una licuadora de inmersión.

9. Ajuste el condimento según el gusto y agregue ½ cucharada de aceite de trufa.

10. Decorar con aceite de trufa y avellanas.

11. Servir caliente.

Información Nutricional

Porciones: 4

Cantidad por porción

Calorías 157

	% Valor Diario*
Grasa Totalt 10.1g	**13%**
Grasa Saturada 1.3g	**6%**
Colesterol 0mg	**0%**
Sodio 93mg	**4%**
Carbohidratos Totales 15.6g	**6%**
Fibra dietética 3.2g	**12%**
Azúcares totales 3g	
Proteína 2.9g	
Vitamina D 0mcg	0%
Calcio 36mg	3%
Hierro 1mg	5%
Potasio 372mg	8%

Sopa de Crema de Passata

Passata es la salsa de tomate especial que se usa para dar sabor y enriquecer esta sopa. También contiene zanahorias, apio y cebolla, combinados con crema y queso. Sirve la sopa caliente con palitos de pan.

Tiempo de preparación: 10 minutos

Tiempo de cocción: 30 minutos

Alérgenos: Trigo, Lácteos

Ingredientes:

- 2 cucharadas de aceite de oliva
- ½ cebolla, finamente picada
- 1 zanahoria pequeña, finamente picada
- 1 apio, finamente picado
- 1/2 taza de passata
- 4 tomates maduros grandes
- ½ caldo de verduras o pollo derretido o cubo
- 2 cucharadas de crema (opcional)
- 4 onzas. sopa de pasta cocida
- queso parmesano rallado, albahaca picada o pesto.

Instrucciones:

1. Deje que el aceite se precaliente en una cacerola a fuego lento.
2. Agregue la cebolla, el apio y las zanahorias, saltee durante 10 minutos hasta que estén suaves.
3. Agregue la salsa passata y los tomates.
4. Mientras hierve esta mezcla, agrégale agua, caldo, condimento y azúcar.
5. Cocine la sopa durante 20 minutos aproximadamente, a fuego lento.
6. Agregue la pasta hervida y la crema con agitación suave.
7. Decorar con queso, albahaca y pesto.
8. Disfrutar.

Información Nutricional

Porciones: 4

Cantidad por porción

Calorías 237

	% Valor Diario*
Grasa Totalt 8.4g	**11%**
Grasa Saturada 1.3g	**6%**
Colesterol 1mg	**0%**
Sodio 178mg	**8%**
Carbohidratos Totales 35g	**13%**
Fibra dietética 4.6g	**16%**
Azúcares totales 7.7g	
Proteína 6.2g	
Vitamina D 0mcg	0%
Calcio 31mg	2%
Hierro 1mg	8%
Potasio 520mg	11%

Sopa de Tortellini

Agregue tortellini a su menú de rutina, con esta sopa caliente de guisantes y frijoles. Todo es cocinado con caldo de verduras, zanahorias, cebolla y parmesano. Usa hojas frescas de albahaca para decorar esta sopa.

Tiempo de preparación: 10 minutos

Tiempo de cocción: 20 minutos

Alérgenos: Ausentes

Ingredientes:

- 1 cucharada de aceite de oliva
- 2 zanahorias picadas
- 1 cebolla grande, finamente picada
- 4 tazas de caldo de verduras
- 14 oz. lata de tomate, picado
- 7 oz. guisantes y frijoles mixtos congelados
- 1 paquete de 1/4 taza de tortellini recién relleno
- un puñado de hojas de albahaca (opcional)
- parmesano rallado, para servir

Instrucciones:

1. Agregue zanahorias y cebollas a una sartén engrasada y caliente.
2. Saltee estas verduras durante 5 minutos, luego agregue los tomates y el caldo.
3. Cocine esta mezcla durante 10 minutos y luego agregue los guisantes y los frijoles.
4. Después de cocinar durante 5 minutos, agregue la pasta.
5. Agregue la pasta para cocinar en la sopa hasta que esté al dente.
6. Agregue albahaca y ajuste el condimento.
7. Decorar con una rebanada de pan y parmesano.
8. Servir caliente.

Información Nutricional

Porciones: 4

Cantidad por porción

Calorías 118

	% Valor Diario*
Grasa Totalt 5.5g	7%
Grasa Saturada 2.5g	13%
Colesterol 0mg	0%
Sodio 817mg	36%
Carbohidratos Totales 22.8g	8%
Fibra dietética 3g	11%
Azúcares totales 7.7g	
Proteína 2.5g	
Vitamina D 0mcg	0%
Calcio 19mg	1%
Hierro 1mg	4%
Potasio 257mg	5%

Sopa de Champiñones

Con esta receta de sopa, puedes disfrutar de los hongos castaños y ceps en un solo tazón. La sopa se cocina con una base de caldo y bio yogurt. Se vuelve más espesa con la adición de papas y zanahorias.

Tiempo de preparación: 10 minutos

Tiempo de cocción: 30 minutos

Alérgenos: Nuez

Ingredientes:

- 1 cucharada de aceite de colza
- 2 cebollas grandes, cortadas a la mitad y en rodajas finas
- 1 cucharada de hongos porcini secos
- 3 cucharaditas de caldo de verduras en polvo
- 4 tazas de champiñones castaños, picados
- 3 dientes de ajo, finamente rallados
- 4 tazas de papa, finamente cortadas en cubitos
- 2 cucharaditas de tomillo fresco
- 4 zanahorias, finamente cortadas en cubitos
- 2 cucharadas de perejil picado
- 8 cucharadas de bio yogurt
- 2 cucharadas de nueces

Instrucciones:

1. Caliente el aceite de cocina en la sartén del tamaño adecuado.

2. Agregue la cebolla y saltee por 10 minutos hasta que esté dorada.

3. Mientras tanto, mezcle el caldo en agua caliente y remoje los champiñones secos en él.

4. Ahora agregue ajo, tomillo, champiñones, papas y zanahorias a las cebollas.

5. Saltee hasta que los hongos adquieran un color dorado.

6. Vierta el hongo seco junto con su agua de caldo en la sartén.
7. Cubra esta sopa con una tapa y deje que se cocine durante 20 minutos aproximadamente a fuego lento.
8. Decorar con yogurt, nueces, perejil y pimienta.
9. Servir caliente.

Información Nutricional

Porciones: 3

Cantidad por porción

Calorías 264

	% Valor Diario*
Grasa Totalt 9.1g	**12%**
Grasa Saturada 1.1g	**6%**
Colesterol 2mg	**1%**
Sodio 256mg	**11%**
Carbohidratos Totales 40.4g	**15%**
Fibra dietética 7.5g	**27%**
Azúcares totales 9.2g	
Proteína 7.5g	
Vitamina D 0mcg	0%
Calcio 121mg	9%
Hierro 3mg	15%
Potasio 886mg	19%

Recetas de Pescado y Marisco

Estofado de Mariscos Mixtos

Un guiso de mariscos bien cocinado puede garantizar tanto la salud como el buen gusto. Tiene una variedad de mariscos, como pescado, jugo de almejas, vieiras y camarones. El marisco se cocina en salsa de tomate.

Tiempo de preparación: 05 minutos

Tiempo de cocción: 15 minutos

Alérgenos: Huevo

Ingredientes:

- 1 cebolla mediana, finamente picada
- 1 cucharada de aceite de oliva
- 1-1 / 2 cucharaditas de ajo picado, fraccionado
- ½ libra de tomates ciruela, sin semillas y cortados en cubitos
- 1 cucharadita de cáscara de limón rallada
- ¼ cucharadita de hojuelas de pimiento rojo, trituradas
- 1/3 taza de vino blanco
- 1 cucharada de pasta de tomate
- Sal al gusto
- 1 onza de filetes de pargo rojo, cortados en cubos de 1 pulgada
- 1 libra de camarones, pelados y desvenados
- ½ libra de vieiras
- 1 taza de jugo de almejas
- 1/3 taza de perejil fresco picado
- 1/3 taza de mayonesa baja en grasa

Instrucciones:

1. Tome un horno holandés de un tamaño adecuado y caliéntelo con aceite de cocina a fuego medio.
2. Agregue la cebolla y saltee hasta que esté suave.
3. Agregue ajo y cocine por un minuto.

4. Agregue los tomates, la cáscara de limón y las hojuelas de pimienta.

5. Continúe revolviendo la cocción para 2 tomates.

6. Agregue el vino, la sal, la pasta de tomate y el jugo de almejas.

7. Deje que esta mezcla hierva y luego reduzca a fuego lento.

8. Continúe cocinando durante 10 minutos después de cubrir la tapa.

9. Agregue suavemente los camarones, el perejil, las vieiras y el pescado.

10. Nuevamente, cocine por 10 minutos después de cubrir la tapa.

11. Decorar con ajo y mayonesa.

12. Servir caliente.

Información Nutricional

Porciones: 4

Cantidad por porción

Calorías 390

	% Valor Diario*
Grasa Totalt 15.3g	**20%**
Grasa Saturada 2.6g	**13%**
Colesterol 261mg	**87%**
Sodio 673mg	**29%**
Carbohidratos Totales 20.1g	**7%**
Fibra dietética 1.9g	**7%**
Azúcares totales 7.3g	
Proteína 39g	
Vitamina D 0mcg	0%
Calcio 149mg	11%
Hierro 2mg	8%
Potasio 717mg	15%

Si aún no tiene ninguna receta de calamar, este popurrí de mariscos es la opción perfecta, ya que combina ingredientes únicos en una sabrosa combinación. El calamar se cocina con ostras, almejas y mejillones, imagina la riqueza de esta receta de mariscos.

Tiempo de preparación: 05 minutos

Tiempo de cocción: 30 minutos

Alérgenos: leche

Ingredientes:

- 20 chipirones (tubos y tentáculos), limpios
- 3 tazas de leche
- 2 cucharadas de aceite de oliva virgen extra
- 8 dientes de ajo picados
- 2 cebollas pequeñas, picadas
- 2 zanahorias grandes, picadas
- 2 tomates picados
- ½ taza de pasta de tomate
- 1 taza de vino blanco seco
- 3 tazas de caldo de pollo
- ½ manojo de perejil fresco
- ½ manojo de estragón fresco
- ½ manojo de tomillo fresco
- 2 hojas de laurel
- 1 cucharadita de granos de pimienta negra
- 1 cucharada de hilos de azafrán sin apretar
- 2 cucharadas de aceite de oliva virgen extra
- 6 dientes de ajo picados
- ½ taza de tomates secados al sol, rellenos de aceite, escurridos y cortados en tiras
- 6 bulbos de hinojo bebé, cortados por la mitad
- ½ manojo de tomillo fresco, picado
- 10 ostras frescas en conchas, bien fregadas
- 20 almejas de cuello pequeño

- 20 mejillones frescos

- 6 filetes (6 onzas) de lubina fresca

- sal y pimienta al gusto

- 2 cucharadas de aceite de oliva virgen extra

- 6 ramitas de perejil, para decorar

Instrucciones:

1. Primero, agregue la leche a un tazón grande y remoje los calamares por 5 horas.

2. Drene la leche y mantenga los calamares a un lado.

3. Tome 2 cucharadas de aceite en una sartén y precaliéntelo.

4. Agregue la mitad de los hinojos, zanahorias, tomates, cebolla y ajo.

5. Saltee estas verduras durante 10 minutos y luego agregue la pasta de tomate.

6. Cocine por otros 10 minutos y luego vierta el vino.

7. Después de hervir esta mezcla, agregue el estragón, el azafrán, el tomillo, las hojas de laurel, el caldo, los granos de pimienta y el perejil.

8. Cocine esta mezcla durante 15 minutos a fuego lento hasta que se espese.

9. Cuele este caldo y deseche todos los sólidos, incluidas las verduras.

10. Precaliente otras 2 cucharadas de aceite en la misma olla.

11. Agregue el ajo, saltee por 45 segundos.

12. Agregue los tomates secados al sol y el hinojo restante.

13. Después de cocinarlos durante 2 minutos en el caldo de verduras y tomillo.

14. Hervir esta sopa y agregar las ostras a la olla.

15. Cocine por unos minutos después de cubrir su tapa.

16. Destape la olla y luego coloque las almejas y los mejillones en la mezcla para cocinar.

17. Cocine durante 4 minutos aproximadamente y luego agregue los calamares escurridos.

18. Déjarlo cocinar por otro 1 minuto.

19. Mientras tanto, dore los filetes de pescado durante 4 minutos por lado en una sartén engrasada caliente.

20. Sirve la mezcla de mariscos con filetes de pescado en la parte superior.

21. Decorar con perejil y disfrutar.

Información Nutricional

Porciones: 8

Cantidad por porción

Calorías 414

	% Valor Diario*
Grasa Totalt 11.3g	**15%**
Grasa Saturada 2.2g	**11%**
Colesterol 499mg	**166%**
Sodio 696mg	**30%**
Carbohidratos Totales 25.6g	**9%**
Fibra dietética 2.3g	**8%**
Azúcares totales 10.2g	
Proteína 43.2g	
Vitamina D 1mcg	6%
Calcio 266mg	20%
Hierro 7mg	38%
Potasio 697mg	

Raras son las recetas del mejillón que se cocinan en una comida tan deliciosa pero sencilla. Es una receta de mejillones cocinada con pasta de tomate, ajo y chalotes. El vino blanco seco agrega un equilibrio único a esta receta.

Tiempo de preparación: 15 minutos

Tiempo de cocción: 20 minutos

Alérgenos: Ausentes

Ingredientes:

- 2 tomates maduros
- 2 cucharadas de aceite de oliva
- 1 diente de ajo, picado
- 1 chalote, finamente cortado en cubitos
- 1 chile rojo o verde, sin semillas y picado
- 1 vaso pequeño de vino blanco seco
- 1 cucharadita de pasta de tomate
- una pizca de azúcar
- 1 libra de mejillones limpios
- buen puñado de albahaca
- hojas

Instrucciones:

1. Remoje los tomates en agua tibia durante 3 minutos y luego escúrralos.
2. Escurra estos tomates y pélelos y córtelos en cuatro pedazos.
3. Después de quitar las semillas, corta la carne en cubos.
4. Tome una sartén profunda o wok y caliente el aceite en ella.
5. Agregue el ajo, el chile y la chalota, saltee por 3 minutos.
6. Agregue los condimentos, el azúcar, el vino y los tomates.
7. Revuelva cocine esta mezcla durante 2 minutos.
8. Coloque suavemente los mejillones en la sartén y cúbralos con una tapa.

9. Después de cocinar durante 4 minutos, adorne la salsa de mejillones con hojas de albahaca.
10. Servir de inmediato.

Información Nutricional

Porciones: 2

Cantidad por porción

Calorías 320

	% Valor Diario*
Grasa Totalt 17.8g	**23%**
Grasa Saturada 2.7g	**13%**
Colesterol 42mg	**14%**
Sodio 537mg	**23%**
Carbohidratos Totales 19.4g	7%
Fibra dietética 2.4g	**9%**
Azúcares totales 6.8g	
Proteína 20.3g	
Vitamina D 0mcg	0%
Calcio 67mg	5%
Hierro 7mg	38%
Potasio 983mg	21%

Mejillones Crujientes a la Parrilla

Hay otra forma de disfrutar los mejillones simples con un toque crujiente al asar con pan rallado y mantequilla de perejil y ajo encima. Con nada más que hierbas y ralladura de limón, estos mejillones se sazonan para obtener un sabor fino.

Tiempo de preparación: 05 minutos

Tiempo de cocción: 10 minutos

Alérgenos: Trigo

Ingredientes:

- 1 libra de mejillón, enjuagado y obligado
- 1 taza de pan tostado
- ralladura 1 limón
- 2 cucharadas de mantequilla de ajo y perejil
- Tomate picado para decorar
- hierbas frescas para decorar

Instrucciones:

1. Cocine el agua hasta que hierva en una olla grande y coloque los mejillones durante 3 minutos.
2. Esto permitirá que los mejillones se abran, deseche alguno si no está abierto.
3. Ahora, prepare y precaliente la parrilla.
4. Mezcle la ralladura con las migas en un tazón poco profundo.
5. Retire la cubierta superior de los mejillones y rocíe la mantequilla encima.
6. Acomode estos mejillones en la bandeja para hornear con la cáscara hacia abajo.
7. Cubra los mejillones con la mezcla de migas y colóquelos en la parrilla.
8. Cubra la parrilla durante 4 minutos y déjelos cocinar.
9. Decorar con perejil y tomate.
10. Servir de inmediato.

Información Nutricional

Porciones: 2

Cantidad por porción

Calorías   510

	% Valor Diario*
Grasa Totalt 19.5g	**25%**
Grasa Saturada 8.9g	**45%**
Colesterol 94mg	**31%**
Sodio 1126mg	**49%**
Carbohidratos Totales 47.3g	**17%**
Fibra dietética 2.4g	**9%**
Azúcares totales 3.4g	
Proteína 34.3g	
Vitamina D 8mcg	40%
Calcio 161mg	12%
Hierro 12mg	64%
Potasio 835mg	18%

Cuscús de Marisco al Ajo

Cuando combina una mezcla de mariscos, que incluye pescado, vieiras y cebolletas con un cuscús recién cocinado, su plato se convierte instantáneamente en un refuerzo para la salud. Esta combinación es buena para todos los planes especiales de dieta y salud.

Tiempo de preparación: 10 minutos

Tiempo de cocción: 20 minutos

Alérgenos: Ausentes

Ingredientes:

- 1 libra de bacalao, cortado en trozos de 1 pulgada
- ½ lb. de camarones crudos, pelados, desvenados y picados en trozos grandes
- vieiras de ½ lb.
- 4 cebolletas, en rodajas
- ½ taza de cebollino fresco picado
- ½ taza de perejil fresco picado
- sal y pimienta recién molida al gusto
- 2 cucharadas. aceite de oliva
- salsa picante al gusto (opcional)
- 2 (5.4 oz.) Cajas de cuscús con sabor a ajo

Instrucciones:

1. Mezcle los camarones con cebolletas, bacalao, vieiras, cebolletas, perejil, sal y pimienta en un tazón adecuado.
2. Tome un wok o sartén profundo y precaliente el aceite en él.
3. Agregue la mezcla de mariscos preparada antes.
4. Saltee esta mezcla hasta que se vuelva de color dorado.
5. Agregue la salsa picante y luego reduzca el fuego a bajo.
6. Cubra la mezcla de mariscos con una tapa.
7. Hervir el cuscús en agua según las instrucciones en su paquete.
8. Escurra y divida el cuscús cocido en los platos para servir.
9. Divida la mezcla de pescado en los platos.
10. Servir de inmediato.

Información Nutricional

Porciones: 4

Cantidad por porción

Calorías 476

	% Valor Diario*
Grasa Totalt 9g	12%
Grasa Saturada 1.4g	7%
Colesterol 138mg	46%
Sodio 294mg	13%
Carbohidratos Totales 68g	25%
Fibra dietética 4.9g	17%
Azúcares totales 0.8g	
Proteína 32.9g	
Vitamina D 0mcg	0%
Calcio 110mg	8%
Hierro 2mg	11%
Potasio 506mg	11%

Paella de Arroz con Langosta

La carne de cola de langosta tiene este increíble sabor propio que se complementa muy bien cuando se cocina y se sirve con paella de arroz. El arroz de grano corto de esta receta se cocina con tomate, hilos de azafrán y judías verdes.

Tiempo de preparación: 15 minutos

Tiempo de cocción: 25 minutos

Alérgenos: Ausentes

Ingredientes:

- 2 pequeñas colas de langosta
- 1 cebolla pequeña picada
- 1 taza de arroz español o arroz de grano corto, remojado durante la noche, escurrido
- 2 dientes de ajo picados
- 1 pizca grande de hilos de azafrán español empapados en ½ taza de agua
- 1/2 cucharadita de pimentón dulce español
- 1/2 cucharadita de pimienta de cayena
- 1 1/2 cucharadas de aceite de oliva
- 1/4 cucharadita de hojuelas de pimienta Alepo
- 1 tomate grande de Roma, finamente picado
- 3 onzas de Ejotes franceses
- 1/2 lb. de langostinos o camarones, pelados y desvenados
- ¼ taza de perejil fresco, picado
- Sal al gusto
- Agua

Instrucciones:

1. Vierta aproximadamente 3 tazas de agua en una olla lo suficientemente grande y hiérvala.
2. Coloque la langosta en esta agua durante 2 minutos y luego transfiérala inmediatamente a un baño de hielo.

3. Retire la carne de su caparazón y córtela en trozos pequeños.

4. Tome una sartén adecuada y precaliente 3 cucharadas. aceite en este.

5. Agregue la cebolla, saltee por 2 minutos.

6. Agregue todo el arroz y cocine por 3 minutos más mientras revuelve.

7. Agregue el ajo y vierta las langostas para cocinar líquido.

8. Agregue el pimentón, la sal, los pimientos y el azafrán.

9. Agregue judías verdes y tomates, luego hierva el ingrediente en el líquido.

10. Cubra esta mezcla espesa con una tapa y reduzca el fuego a bajo.

11. Deje que se cocine por 20 minutos a esta temperatura.

12. Después de quitar la tapa, coloque los camarones sobre el arroz cocido.

13. Cubra este arroz nuevamente y deje que se cocine por 15 minutos.

14. Agregue trozos de langosta y perejil.

15. Servir de inmediato.

Información Nutricional

Porciones: 2

Cantidad por porción

Calorías 464

	% Valor Diario*
Grasa Totalt 13.1g	17%
Grasa Saturada 2.2g	11%
Colesterol 239mg	80%
Sodio 1013mg	44%
Carbohidratos Totales 40.3g	15%
Fibra dietética 3.8g	14%
Azúcares totales 4.7g	
Proteína 30.4g	
Vitamina D 0mcg	0%
Calcio 149mg	11%
Hierro 3mg	16%
Potasio 630mg	13%

A diferencia de los simples paquetes de pescado o los filetes ahumados a la parrilla, estas parcelas tienen muchos de los ingredientes secretos adicionales, incluyendo alcaparras, aceitunas y papas. Mientras que para sazonar hay jugo de limón, ralladura y hierbas para agregar un sabor suave pero refrescante al pescado.

Tiempo de preparación: 10 minutos

Tiempo de cocción: 25 minutos

Alérgenos: Ausentes

Ingredientes:

- 1 1/4 taza de papas nuevas, lavadas
- 1 cucharadita de aceite de oliva
- 2 x 6 oz de filetes de pescado blanco firme, como eglefino o merlán
- 2 cucharaditas de pasta de tomate secada al sol o puré de tomate
- ralladura finamente rallada de 1 limón pequeño
- 2 cucharaditas de jugo de limón
- 10 aceitunas negras o verdes
- 1 cucharada de alcaparras, enjuagadas
- 2 ramitas de romero fresco

Instrucciones:

1. Deje que su horno se precaliente a 325° F (163° C).
2. Hierva agua mezclada con sal en una olla grande y cocine las papas en esta agua durante 12 minutos.
3. Coloque las papas en un colador para que se enfríen y escurran bien.

4. Extienda dos láminas de aluminio de forma cuadrada de 30 cm y rocíelas con aceite de cocina.

5. Coloque con cuidado un filete de pescado en cada una de las láminas de aluminio engrasadas.

6. Rocíe la pasta de tomate, el jugo de limón, los condimentos y la ralladura de limón sobre los filetes.

7. Rodee cada filete con alcaparras, papas y aceitunas.

8. Coloque las ramitas de romero o tomillo sobre los filetes y luego envuélvalos.

9. Coloque los paquetes de pescado en la fuente para hornear y hornee durante 25 minutos en el horno precalentado.

10. Deje que las parcelas se enfríen durante 5 minutos, deje que salga el vapor de las parcelas.

11. Servir de inmediato.

Información Nutricional

Porciones: 2

Cantidad por porción

Calorías   314

	% Valor Diario*
Grasa Totalt 16.5g	21%
Grasa Saturada 3.3g	17%
Colesterol 31mg	10%
Sodio 998mg	43%
Carbohidratos Totales 29g	11%
Fibra dietética 3.8g	14%
Azúcares totales 2.7g	
Proteína 15.2g	
Vitamina D 0mcg	0%
Calcio 62mg	5%
Hierro 4mg	24%
Potasio 659mg	14%

Mariscos con Ensalada de Cuscús

La mejor parte de esta receta de mariscos es que el pescado cocido se sirve con ensalada de cuscús mixta de verduras. Los filetes de pescado blanco simplemente se sazonan con albahaca, limón y chiles, luego simplemente se hornean.

Tiempo de preparación: 15 minutos

Tiempo de cocción: 20 minutos

Alérgenos: Ausentes

Ingredientes:

- 2 filetes de pescado blanco
- 2 limones, 1 jugo y ralladura, el otro cortado en gajos
- 1 chile rojo, mitad en rodajas, mitad finamente picado
- 1 manojo pequeño de albahaca, rallado
- 7 oz. tomates cherry
- 4 onzas de cuscús
- 2 cucharadas de vinagre balsámico
- ½ pepino, cortado en cubitos
- 2 cucharadas de aceitunas negras sin hueso, cortadas a la mitad

Instrucciones:

1. Deje que su horno se precaliente a 375° F (191° C).
2. Tome una lámina de aluminio de tamaño pequeño y coloque el pescado en ella.
3. Agregue albahaca, condimentos, la mitad del jugo de limón y la ralladura y los chiles en rodajas sobre el pescado.
4. Rodee el filete con tomates y luego envuélvalo cubriendo con otra hoja.
5. Use el pescado e ingredientes restantes para hacer otro paquete.
6. Coloque ambas parcelas en la bandeja para hornear.

7. Deje que estas parcelas se horneen durante 18 minutos en el horno precalentado.

8. Durante este tiempo, remoje el cuscús en agua hervida durante 15 minutos.

9. Escurra el cuscús y revuélvalo con pepino, albahaca, ralladura de limón, jugo, aceitunas y tomates en un tazón.

10. Sirve el pescado al horno con la mezcla de cuscús.

11. Disfruta.

Información Nutricional

Porciones: 2

Cantidad por porción

Calorías   538

	% Valor Diario*
Grasa Totalt 13.3g	**17%**
Grasa Saturada 2.1g	**10%**
Colesterol 119mg	**40%**
Sodio 188mg	**8%**
Carbohidratos Totales 56.8g	**21%**
Fibra dietética 6.4g	**23%**
Azúcares totales 5.5g	
Proteína 47.1g	
Vitamina D 0mcg	0%
Calcio 112mg	9%
Hierro 3mg	14%
Potasio 1165mg	25%

Gratinados de Pescado con Azafrán

El gratinado suele ser un pan rallado rico en queso. Aquí se hace con una mezcla de langostinos con pescado y azafrán. Una vez que la mezcla de mariscos está bien cocida, se transfiere a una fuente de horno y se cubre con las migas, el queso y el perejil. Luego se cuece bien hasta que se derrita.

Tiempo de preparación: 05 minutos

Tiempo de cocción: 40 minutos

Alérgenos: Trigo, Lácteos

Ingredientes:

- 3 cucharadas de aceite de oliva
- 1 cebolla grande, en rodajas finas
- 1 bulbo de hinojo (aproximadamente 1 1/4 taza / 9 oz), recortado y en rodajas finas
- 3 dientes de ajo grandes, finamente rebanados
- 1 cucharadita colmada de semillas de cilantro, ligeramente trituradas
- 1/2 taza de vino blanco
- 2 x 14 oz. latas de tomates picados con hierbas
- 2 cucharadas de puré de tomate
- una buena pizca de azafrán
- 1 hoja de laurel
- 1 cucharada de jugo de limón
- 1 manojo de perejil, hojas picadas
- 2 libras de filetes de pescado sin piel mezclados, cortados en trozos
- 1 3/4 tazas de langostino crudo pelado
- ¼ de taza de parmesano rallado fino
- 1/4 taza de pan rallado o pan rallado seco
- ensalada verde, para servir (opcional)

Instrucciones:

1. Precaliente el aceite en una sartén antiadherente grande.

2. Saltee las semillas de hinojo, ajo, cebolla y cilantro durante 15 minutos.

3. Vierta el vino, los tomates, el azafrán, el laurel y el puré de tomate.

4. Ajuste la sazón y cocine por 15 minutos revolviendo ocasionalmente.

5. Ajuste el horno a 375° F (191° C).

6. Agregue jugo de limón, perejil a la mezcla de tomates.

7. Coloque las gambas y los trozos de pescado en la salsa.

8. Cubra la cacerola de pescado y déjela cocinar por 5 minutos.

9. Transfiera el pescado y las gambas junto con la salsa a una recipiente para hornear.

10. Mezcle el pan rallado con queso, perejil y pimienta negra.

11. Extienda esta mezcla sobre el pescado y la salsa.

12. Hornee por 20 minutos.

13. Servir.

Información Nutricional

Porciones: 6

Cantidad por porción

Calorías 501

	% Valor Diario*
Grasa Totalt 26.4g	**34%**
Grasa Saturada 5.5g	**28%**
Colesterol 52mg	**17%**
Sodio 880mg	**38%**
Carbohidratos Totales 38.7g	**14%**
Fibra dietética 3.8g	**13%**
Azúcares totales 3.8g	
Proteína 27.5g	
Vitamina D 0mcg	0%
Calcio 85mg	7%
Hierro 4mg	24%
Potasio 925mg	20%

Tablas de Conversión

Mantequilla o azúcar extrafina	
1 copa	225 g
1/2 copa	115 g
1/3 copa	70 g
1/4 copa	60 g
2 Cda.	30 g

Azúcar granulada, azucar clara o morena	
1 copa	200 g
1/2 copa	100 g
1/3 copa	70 g
1/4 copa	50 g
2 Cda.	25 g

Harina para todo uso o de pan	
1 copa	150 g
1/2 copa	75 g
1/3 copa	50 g
1/4 copa	35 g

Harina de Pastel y Pastelería, Azúcar en polvo, Harina de Arroz o Pan Rallado	
1 copa	130 g
1/2 copa	65 g
1/3 copa	45 g
1/4 copa	32 g

Polvo de cacao, maicena, almendra molida	
1 copa	120 g
1/2 copa	60 g
1/3 copa	40 g
1/4 copa	30 g

Copos de avena, pacanas enteras, nueces enteras	
1 copa	100 g
1/2 copa	50 g
1/3 copa	35 g
1/4 copa	25 g

Otros ingredientes		
Harina de centeno	1 copa	120 g
Mantequilla de maní	1 copa	250 g
Avellanas enteras	1 copa	135 g
Almendras enteras	1 copa	160 g
Almendras laminadas	1 copa	100 g
Migas de Graham	1 copa	225 g
Chips de chocolate	1 copa	275 g
Coco	1 copa	100 g
Pasas de Corinto	1 copa	160 g
Pasas	1 copa	150 g
Arándanos secos	1 copa	140 g
Arándanos frescos	1 copa	110 g
Miel	1 copa	300 g
Melaza	1 copa	260 g
Puré de calabaza	1 copa	250 g
Artículos de Medida Pequeña		
Levadura seca	1 paquete	8 g
Gelatina en polvo	1 Cda.	7 g
Levadura en polvo	1 ctda.	3 g
Bicarbonato de sodio	1 ctda.	5 g
Sal (fina)	1 ctda.	5 g
Canela y otras especias (pimienta de Jamaica, nuez moscada, clavo, etc.)	1 ctda.	3 g
Jengibre recién rallado	1 Cda.	6 g

EL LIBRO COMPLETO DE COCINA MEDITERRANEA
EDICIÓN 2019

Vol. 3

1001 Jugosas, Vibrantes y Deliciosas Recetas
para Vivir y Comer Bien Todos los Días, Hoy y
Mañana

Por

Alexa Riley Webster

Recetas de Frijoles

La alcachofa es una verdura conocida por su textura suculenta, y cuando se cocina con frijoles y mezcla de espinacas, crea una combinación digna de agregar a su menú mediterráneo. Esta receta de frijoles es un almuerzo perfecto para cualquier día.

Tiempo de preparación: 10minutos

Tiempo de cocción: 20 minutos

Alérgenos: Gluten

Ingredientes:

- 1 cucharada de aceite de oliva
- 1 cebolla pequeña picada
- 2 dientes de ajo picados
- 1 lata (14-1 / 2 onzas) de tomates cortados en cubitos, sin escurrir
- 2 cucharadas de salsa Worcestershire
- 1/4 cucharadita de sal
- 1/4 cucharadita de pimienta
- 1/8 cucharadita de hojuelas de pimiento rojo triturado
- 1 lata (15 onzas) de frijoles cannellini, enjuagados y escurridos
- 14 onzas, tocino picado
- 6 onzas de espinacas frescas

Instrucciones:

1. Use una sartén adecuada para precalentar el aceite de cocina.
2. Saltee el tocino al principio hasta que se vuelva de color marrón.
3. Agregue la cebolla, saltee durante 5 minutos como máximo.

4. Luego agregue ajo a la sartén, cocine por un minuto.

5. Agregue la salsa Worcestershire, los condimentos y los tomates.

6. Después de hervir esta mezcla, reduzca su temperatura.

7. Cocine la mezcla por otros 8 minutos.

8. Agregue los frijoles y las espinacas.

9. Cocine por 5 minutos solo hasta que la espinaca se marchite.

10. Revuelva suavemente y sirva inmediatamente.

Información Nutricional

Porciones: 2

Cantidad por porción

Calorías   475

	% Valor Diario*
Grasa Totalt 8.5g	11%
Grasa Saturada 1.2g	6%
Colesterol 0mg	0%
Sodio 628mg	27%
Carbohidratos Totales 77.8g	28%
Fibra dietética 31.1g	111%
Azúcares totales 10.1g	
Proteína 28.2g	
Vitamina D 0mcg	0%
Calcio 275mg	21%
Hierro 11mg	63%
Potasio 2350mg	50%

Mezcla de Albóndigas y Garbanzos

Este popurrí de garbanzos tiene todos los ingredientes esenciales de una dieta mediterránea, incluidas las albóndigas, los tomates, el queso feta y, por supuesto, los garbanzos. Las albóndigas se sirven sobre la mezcla de garbanzos.

Tiempo de preparación: 05 minutos

Tiempo de cocción: 20 minutos

Alérgenos: Huevo, trigo, lácteos.

Ingredientes:

- 2 claras de huevo
- 1/4 taza de pan rallado de pan integral
- 1/4 taza de queso feta sin grasa, desmenuzado
- 1/4 taza de perejil fresco, picado
- 2 cucharadas de romero fresco, picado
- 1 libra de pollo molido
- 1 cucharada de aceite de oliva
- 3 dientes de ajo, picados
- 1/2 cucharadita de sal kosher
- 1 taza de uva o tomates cherry
- 1 lata (15 onzas) de garbanzos, escurridos

Instrucciones:

1. Deje que su horno se precaliente a 400° F (204° C).
2. Rocíe aceite de cocina en una bandeja para hornear y cepíllelo bien para cubrirlo.
3. Batir la clara de huevo en un tazón junto con perejil, panko, pollo molido, queso feta y romero.
4. Mezcle los garbanzos con sal, aceite de oliva, ajo y tomates en un recipiente aparte.
5. Primero extienda la mezcla de garbanzos en la bandeja para hornear engrasada.

6. Use la mezcla de carne picada de pollo para hacer bolas de 2 pulgadas.

7. Coloque estas bolas sobre los garbanzos y hornee por 20 minutos en el horno.

8. Servir de inmediato.

Información Nutricional

Porciones: 6

Cantidad por porción

Calorías 473

	% Valor Diario*
Grasa Totalt 13.9g	**18%**
Grasa Saturada 3.3g	**17%**
Colesterol 73mg	**24%**
Sodio 363mg	**16%**
Carbohidratos Totales 49.6g	**18%**
Fibra dietética 13.4g	**48%**
Azúcares totales 10.5g	
Proteína 38.5g	
Vitamina D 0mcg	0%
Calcio 140mg	11%
Hierro 6mg	34%
Potasio 885mg	19%

Ensalada Feta de Frijoles Negros

Las ensaladas con valores nutricionales equilibrados son una bendición para todos, como esta ensalada de frijoles negros que simplemente está hecha de frijoles enlatados con tomates, eneldo, cebolla y queso feta.

Tiempo de preparación: 05 minutos

Tiempo de cocción: 0 minutos

Alérgenos: gluten, lácteos

Ingredientes:

- 4 tomates roma o ciruela, picados
- Dos latas de 14.5 onzas de frijoles negros, escurridos
- 1/2 cebolla roja, en rodajas
- 1/4 taza de eneldo fresco, picado
- Jugo de 1 limón
- 2 cucharadas de aceite de oliva virgen extra
- 1/4 taza de queso feta desmenuzado
- Sal al gusto

Instrucciones:

1. Agregue todo a un tazón de tamaño adecuado.
2. Reserve el queso feta y la sal para decorar la ensalada de frijoles.
3. Rocíe el queso feta y la sal sobre la ensalada.
4. Servir de inmediato.

Información Nutricional

Porciones: 2

Cantidad por porción

Calorías   362

	% Valor Diario*
Grasa Totalt 19.8g	**25%**
Grasa Saturada 4.9g	**24%**
Colesterol 17mg	**6%**
Sodio 265mg	**12%**
Carbohidratos Totales 38.2g	**14%**
Fibra dietética 11.1g	**40%**
Azúcares totales 12.8g	
Proteína 14.1g	
Vitamina D 0mcg	0%
Calcio 259mg	20%
Hierro 6mg	33%
Potasio 1022mg	22%

Ensalada de Garbanzos y Pimienta

Mezcle los garbanzos con cebolla, pimiento al horno y carne de tomate para hacer esta ensalada de garbanzos en poco tiempo. Esta ensalada es buena tanto para la guarnición como para los platos principales a la hora del almuerzo. Sirve con tu salsa favorita o decorando encima.

Tiempo de preparación: 05 minutos

Tiempo de cocción: 25 minutos

Alérgenos: Gluten

Ingredientes:

- 1 pimiento rojo, cortado en cubitos
- 2 tazas de agua
- 4 tomates secados al sol
- 1/4 taza de vinagre de vino tinto
- 2 dientes de ajo picados
- 2 cucharadas de aceite de oliva virgen extra
- Dos latas de 14.5 onzas de garbanzos escurridos y enjuagados
- 1/2 taza de perejil picado
- Sal al gusto

Instrucciones:

1. Extienda las rodajas de pimiento rojo en una bandeja de horno con la piel hacia arriba.
2. Hornee los pimientos durante 8 minutos en un horno precalentado a 350 ° F (177 ° C).
3. Transfiera el pimiento al horno a una bolsa ziplock.
4. Cierre la bolsa con cremallera y déjela reposar durante 10 minutos, luego corte en rodajas finas la pimienta.
5. Vierta 2 tazas de agua en un recipiente adecuado y caliéntelo en el microondas durante 4 minutos.
6. Remoje los tomates secados al sol en agua caliente y déjelos reposar durante 10 minutos.
7. Escurra estos tomates y córtelos en rodajas finas.
8. Mezcle el ajo con aceite de oliva y vinagre de vino tinto en un tazón.

9. Agregue pimiento en rodajas, perejil, garbanzos y tomates secados al sol.
10. Agregue sal para sazonar la mezcla.
11. Servir de inmediato.

Información Nutricional

Porciones: 2

Cantidad por porción

Calorías 319

	% Valor Diario*
Grasa Totalt 15.8g	20%
Grasa Saturada 2.1g	10%
Colesterol 0mg	0%
Sodio 251mg	11%
Carbohidratos Totales 38.3g	14%
Fibra dietética 4.3g	15%
Azúcares totales 15.8g	
Proteína 9.4g	
Vitamina D 0mcg	0%
Calcio 67mg	5%
Hierro 8mg	44%
Potasio 814mg	17%

Ensalada Jugosa de Frijoles Rojos

Los frijoles son conocidos por su buen valor nutricional, por lo que una ensalada hecha con ellos seguramente es una comida saludable. Con las remolachas agregadas a los frijoles de sabor suave, esta ensalada le brinda una inmensa energía y fibras.

Tiempo de preparación: 10 minutos

Tiempo de cocción: 10 minutos

Alérgenos: Lácteos

Ingredientes:

- 4 remolachas, fregadas y sin tallos
- Una lata de 14.5 onzas de frijoles, escurridos
- 4 cebollas verdes picadas
- Jugo de 1 limón
- 2 cucharadas de aceite de oliva
- 1 cucharada de jugo de granada
- Sal y pimienta para probar
- Queso feta para decorar
- Verdes frescos, para decorar

Instrucciones:

1. Hierva 2 cuartos de agua en una olla y agregue remolacha.
2. Luego cocine estas remolachas durante 10 minutos a fuego lento.
3. Una vez hecho, cuele y transfiera a un baño de hielo durante 3 minutos aproximadamente.
4. Pele estas remolachas y córtelas en rodajas semicirculares.
5. Mezcle los frijoles con cebolla verde, aceite de oliva, jugo de limón y jarabe de granada en un tazón.
6. Agregue las remolachas en rodajas junto con sal y pimienta para sazonar.
7. Decorar con queso feta, verduras y según se desee.
8. Mezcle bien y luego sirva fresco.

Información Nutricional

Porciones: 2

Cantidad por porción

Calorías 373

	% Valor Diario*
Grasa Totalt 14.9g	**19%**
Grasa Saturada 2.2g	**11%**
Colesterol 0mg	**0%**
Sodio 491mg	**21%**
Carbohidratos Totales 54g	**20%**
Fibra dietética 12.4g	**44%**
Azúcares totales 28.5g	
Proteína 11.6g	
Vitamina D 0mcg	0%
Calcio 91mg	7%
Hierro 4mg	22%
Potasio 1180mg	25%

Frijoles de Mantequilla de Albahaca

El sabor relajante de la albahaca es más prominente en esta receta de frijoles de mantequilla que se cocina en una salsa dulce y azucarada de tomate y ajo. Sirve estos frijoles con arroz blanco hervido o tortillas calientes.

Tiempo de preparación: 10 minutos

Tiempo de cocción: 10 minutos

Alérgenos: Ausentes

Ingredientes:

- 1 cucharada de aceite de oliva
- 4 dientes de ajo, machacados
- 14 oz. tomate picado en lata
- 2 cucharaditas de azúcar
- 2 x 14 oz. latas de frijoles, enjuagados y escurridos
- manojo pequeño de albahaca picada

Instrucciones:

1. Tome una sartén del tamaño adecuado y caliente el aceite de cocina.
2. Agregue el ajo y saltee por un minuto.
3. Agregue azúcar y tomates, condimentos, frijoles y un poco de agua.
4. Cubra esta mezcla de frijoles y deje que se cocine por 5 minutos.
5. Use albahaca para decorar los frijoles.
6. Servir caliente.

Información Nutricional

Porciones: 2

Cantidad por porción

Calorías 242

	% Valor Diario*
Grasa Totalt 8.3g	11%
Grasa Saturada 1.6g	8%
Colesterol 0mg	0%
Sodio 551mg	24%
Carbohidratos Totales 33.1g	12%
Fibra dietética 7.6g	27%
Azúcares totales 10.5g	
Proteína 9.1g	
Vitamina D 0mcg	0%
Calcio 92mg	7%
Hierro 3mg	16%
Potasio 24mg	1%

Frijoles Ajo Cítricos

Esta receta le brinda una mezcla rápida y fácil de frijoles con un condimento básico y simple. Los sabrosos y jugosos frijoles de mantequilla se sazonan con ajo fresco, perejil y aceite de oliva. Por eso es una comida para cualquier momento y en cualquier lugar.

Tiempo de preparación: 10 minutos

Tiempo de cocción: 15 minutos

Alérgenos: Ausentes

Ingredientes:

- 1 cucharada de aceite de oliva
- 1 cebolla grande, en rodajas
- 1 diente de ajo, machacado
- 2 x 14 oz.
- ralladura y jugo 1 limón
- 1 manojo grande de perejil picado

Instrucciones:

1. Tome una sartén de tamaño adecuado y precaliente el aceite en ella.
2. Agregue la cebolla al salteado durante 15 minutos hasta que esté suave.
3. Agregue todos los frijoles y el ajo.
4. Cocine lo suficiente como para mezclar bien los frijoles.
5. Agregue la ralladura de limón y el jugo de limón.
6. Use perejil para decorar.
7. Servir caliente para disfrutar.

Información Nutricional

Porciones: 2

Cantidad por porción

Calorías 212

	% Valor Diario*
Grasa Totalt 8.1g	**10%**
Grasa Saturada 1.5g	7%
Colesterol 0mg	**0%**
Sodio 533mg	**23%**
Carbohidratos Totales 27.5g	**10%**
Fibra dietética 6.7g	**24%**
Azúcares totales 3.2g	
Proteína 7.9g	
Vitamina D 0mcg	0%
Calcio 40mg	3%
Hierro 1mg	5%
Potasio 116mg	2%

Frijoles Griegos

En esta receta, los frijoles se cocinan a fuego lento en la mezcla de puré de tomate y caldo, la cocción lenta a fuego lento infunde sabores fuertes y más profundos en los frijoles. Use una hierba fresca para decorar los frijoles cocidos.

Tiempo de preparación: 10 minutos

Tiempo de cocción: 25 minutos

Alérgenos: Lácteos

Ingredientes:

- 1 cebolla grande picada
- 2 cucharadas de puré de tomate
- eneldo pequeño, la mayoría picado
- 1 cucharada de vinagre de vino tinto
- 2 tazas de caldo de pollo
- 2 x 14 oz. Gigante o judías, escurridas
- 2 cucharadas de queso feta desmenuzado

Instrucciones:

1. Deje que una sartén se precaliente con aceite a fuego medio.
2. Revuelva el ajo, la cebolla y los condimentos salteados durante 8 minutos.
3. Agregue el puré de tomate, frijoles, vinagre, caldo y eneldo a la sartén.
4. Deje hervir a fuego lento durante 15 minutos hasta que se reduzca el líquido de cocción.
5. Decorar con hojas de eneldo y queso feta.
6. Servir caliente para disfrutar.

Información Nutricional

Porciones: 2

Cantidad por porción

Calorías 256

	% Valor Diario*
Grasa Totalt 4.1g	5%
Grasa Saturada 1.9g	9%
Colesterol 8mg	3%
Sodio 900mg	39%
Carbohidratos Totales 42.7g	16%
Fibra dietética 9.9g	35%
Azúcares totales 8.6g	
Proteína 14.2g	
Vitamina D 0mcg	0%
Calcio 137mg	11%
Hierro 6mg	32%
Potasio 1026mg	22%

Estofado de Alubias con Albóndigas

Los guisos de albóndigas simples no saben tan deliciosos como los frijoles mezclados. Este guiso es amado por su textura gruesa y crujiente donde las albóndigas se sirven con frijoles de mantequilla deliciosamente cocidos.

Tiempo de preparación: 05 minutos

Tiempo de cocción: 30 minutos

Alérgenos: Ausentes

Ingredientes:

- 1 3/4 tazas de carne picada de cerdo magra
- 2 cucharaditas de aceite de oliva
- 1 cebolla roja grande picada
- 2 pimientos, en rodajas,
- 3 dientes de ajo, triturados
- 1 cucharada de pimentón dulce ahumado
- 2 x 14 oz. latas de tomates picados
- 14 oz. latas de mantequilla, escurridas
- 2 cucharaditas de azúcar glas dorada
- perejil pequeño, picado
- pan crujiente, para servir (opcional)

Instrucciones:

1. Combine el cerdo picado con el condimento en una bola adecuada.
2. Haga pequeñas albóndigas con esta mezcla y manténgalas a un lado.
3. Agregue aceite a una sartén de tamaño adecuado y precaliéntelo.

4.   Mezcle las albóndigas en la sartén y dorelas por 3 minutos por lado hasta que estén doradas.

5.   Haga a un lado estas albóndigas, luego agregue los pimientos y las cebollas.

6.   Revuelva durante 5 minutos y luego agregue el ajo y el pimentón.

7.   Saltee por un minuto y luego agregue los tomates.

8.   Cubra esta mezcla de salsa con una tapa y deje hervir a fuego lento durante 10 minutos.

9.   Destape la salsa y luego agregue el condimento, los frijoles y el azúcar.

10.   Vuelva a hervir a fuego lento durante 10 minutos, luego adorne con perejil y pan.

11.   Servir de inmediato.

Información Nutricional

Porciones: 2

Cantidad por porción

Calorías 315

	% Valor Diario*
Grasa Totalt 11.3g	**15%**
Grasa Saturada 0.9g	**5%**
Colesterol 0mg	**0%**
Sodio 20mg	**1%**
Carbohidratos Totales 37.2g	**14%**
Fibra dietética 8.4g	**30%**
Azúcares totales 13.1g	
Proteína 19.2g	
Vitamina D 0mcg	0%
Calcio 70mg	5%
Hierro 3mg	18%
Potasio 920mg	20%

Puré de Frijoles con Verduras a la Parrilla

Si no está preparado para una receta de frijoles enteros, entonces un puré de frijoles con verduras a la parrilla es una buena combinación. Los frijoles se cocinan, sazonan y trituran. Este puré se sirve con verduras bien asadas.

Tiempo de preparación: 10 minutos

Tiempo de cocción: 10 minutos

Alérgenos: Ausentes

Ingredientes:

- 1 pimiento rojo, sin semillas y en cuartos
- 1 berenjena, en rodajas a lo largo
- 2 calabacines, en rodajas a lo largo
- 2 cucharadas de aceite de oliva

Para el puré

- 14 oz. alubias enjuagadas
- 1 diente de ajo, machacado
- 1/2 taza de caldo de verduras
- 1 cucharada de cilantro picado
- limón
- cuñas, para servir

Instrucciones:

1. Prepare la parrilla engrasando su parrilla y precaliéntela.
2. Acomode todas las verduras en las parrillas y aselas hasta que estén doradas por ambos lados.
3. Mientras tanto, cocine los frijoles con ajo en caldo a fuego lento durante 10 minutos.

4. Ahora triture los frijoles en esta mezcla aproximadamente con una cuchara o machacador.

5. Si la mezcla resulta ser demasiado espesa, agregue un poco de agua.

6. Extienda este puré de frijoles en los platos para servir.

7. Coloque las verduras a la parrilla sobre ella.

8. Decore el plato con rodajas de limón, cilantro, aceite y pimienta negra.

9. Servir de inmediato.

Información Nutricional

Porciones: 2

Cantidad por porción

Calorías 372

	% Valor Diario*
Grasa Totalt 15.4g	**20%**
Grasa Saturada 2.6g	**13%**
Colesterol 0mg	**0%**
Sodio 206mg	**9%**
Carbohidratos Totales 60.6g	**22%**
Fibra dietética 32.1g	**115%**
Azúcares totales 27.8g	
Proteína 12.3g	
Vitamina D 0mcg	0%
Calcio 338mg	26%
Hierro 4mg	23%
Potasio 1159mg	25%

Aperitivos y Bocadillos

Ensalada Mediterránea de Sardinas

La sardina es un excelente marisco, y cuando se mezcla con una ensalada refrescante tiene un sabor increíble. En lugar de sardinas simples, está hecho de sardinas sumergidas en tomate. Los sabores se mejoran aún más con aceitunas y alcaparras.

Tiempo de preparación: 05 minutos

Tiempo de cocción: 0 minutos

Alérgenos: Ausentes

Ingredientes:

- 3 onzas. hojas de ensalada
- puñado de aceitunas negras, picadas
- 1 cucharada de alcaparras, escurridas y cortadas en cubitos
- 2 x 7 oz. latas de sardinas en salsa de tomate, escurridas y salsa reservada
- 1 cucharada de aceite de oliva
- 1 cucharada de vinagre de vino tinto

Instrucciones:

1. Primero, divida la ensalada en 4 platos.
2. Cubra las hojas con aceitunas y alcaparras.
3. Rebane las sardinas aproximadamente y divídalas entre los platos.
4. Decorar con aceite de oliva, vinagre y salsa de tomate.
5. Disfruta.

Información Nutricional

Porciones: 2

Cantidad por porción

Calorías	249

	% Valor Diario*
Grasa Totalt 17.1g	22%
Grasa Saturada 5g	25%
Colesterol 80mg	27%
Sodio 619mg	27%
Carbohidratos Totales 5.7g	2%
Fibra dietética 2.1g	8%
Azúcares totales 2.1g	
Proteína 16.6g	
Vitamina D 0mcg	0%
Calcio 608mg	47%
Hierro 4mg	22%
Potasio 80mg	2%

Tostadas Niçoise

Estas tostadas son excelentes para servir como bocadillos de fiesta. Tiene todos los ingredientes que pueden garantizar un buen sabor y una gran cantidad de nutrientes. La baguette se corta en rodajas y se hornea con anchoas mezcladas.

Tiempo de preparación: 10 minutos

Tiempo de cocción: 40 minutos

Alérgenos: Trigo

Ingredientes:

- 1 x 3/4 taza de baguette parcialmente horneada, cortada en 24 círculos
- 3 cucharadas de aceite de oliva virgen extra, más un poco extra para rociar
- 6 filetes de anchoa en aceite de oliva, escurridos
- 2 dientes de ajo, machacados
- ½ cebolla roja mediana, finamente picada
- 1 ½ taza de tomates picados
- 2 cucharadas de puré de tomate
- 2 cucharadas de mini alcaparras, escurridas
- ½ cucharadita de hojuelas de chile
- 12 aceitunas negras sin hueso. Idealmente, Kalamata drenado y reducido a la mitad
- 2 cucharadas de parmesano finamente rallado
- hojas de albahaca baby, para servir

Instrucciones:

1. Deje que su horno se precaliente a 375 ° F (190 ° C).
2. Extienda las rebanadas de pan en la bandeja para hornear y revuélvalas con una cucharada de aceite.
3. Hornee estas rebanadas durante 12 minutos en el horno precalentado.

4. Por otro lado, caliente el resto del aceite en una sartén antiadherente.

5. Agregue la cebolla, el ajo y las anchoas, saltee durante 4 minutos.

6. Agregue puré, tomates, alcaparras y hojuelas de chile.

7. Cocine esta mezcla con agitación ocasional.

8. Retire la mezcla picante del fuego.

9. Coloque esta mezcla sobre las rebanadas horneadas.

10. Divida la mitad de las aceitunas sobre cada pieza y cúbrala con parmesano.

11. Cubra las rodajas y refrigere durante la noche.

12. Ahora precaliente el horno a 375 ° F (190 ° C).

13. Coloque las tostadas de pizza en el horno para hornear durante 8 minutos.

14. Decorar con hojas de albahaca y disfrutar.

Información Nutricional

Porciones: 4

Cantidad por porción

Calorías	**328**

	% Valor Diario*
Grasa Totalt 23g	**30%**
Grasa Saturada 3.6g	**18%**
Colesterol 40mg	**13%**
Sodio 2154mg	**94%**
Carbohidratos Totales 19.8g	**7%**
Fibra dietética 2g	**7%**
Azúcares totales 3.6g	
Proteína 14.1g	
Vitamina D 0mcg	0%
Calcio 207mg	16%
Hierro 2mg	9%
Potasio 211mg	4%

Aceitunas con Hierbas

Siempre sabe increíble cuando cualquiera de sus recetas mediterráneas se sirve con aceitunas en la parte superior. ¿Qué tal un bocadillo de todas las aceitunas? Bueno, también puedes servir estas aceitunas con hierbas como guarnición y también como merienda.

Tiempo de preparación: 05 minutos

Tiempo de cocción: 0 minutos

Alérgenos: Ausentes

Ingredientes:

- 3 tazas de aceitunas
- 2 cucharaditas de aceite de oliva virgen extra
- ⅛ cucharadita de orégano seco
- ⅛ cucharadita de albahaca seca
- 1 diente de ajo, machacado
- Pimienta recién molida, al gusto

Instrucciones:

1. Mezcle las aceitunas con el resto de los ingredientes en un tazón.
2. Inserte un palillo de dientes en cada aceituna.
3. Servir y disfrutar.

Información Nutricional

Porciones: 6

Cantidad por porción

Calorías 93

	% Valor Diario*
Grasa Totalt 8.8g	11%
Grasa Saturada 1.2g	6%
Colesterol 0mg	0%
Sodio 586mg	25%
Carbohidratos Totales 4.7g	2%
Fibra dietética 2.4g	8%
Azúcares totales 0g	
Proteína 0.7g	
Vitamina D 0mcg	0%
Calcio 69mg	5%
Hierro 2mg	14%
Potasio 19mg	0%

Tomates Rellenos

Los tomates rellenos de mozzarella son una comida saludable para todas las cenas festivas. Los tomates se sacan primero y luego se rellenan con queso, pesto y albahaca. Sirve estos con rebanadas de pan.

Tiempo de preparación: 10 minutos

Tiempo de cocción: 20 minutos

Alérgenos: Trigo, Lácteos

Ingredientes:

- 6 tomates realmente grandes
- 2 bolas de mozzarella, en rodajas
- 12 hojas de albahaca, frescas
- 4 piezas de pimientos rojos, cocidos
- 2 cucharadas de pesto o pesto rojo

Instrucciones:

1. Deje que el horno se precaliente a 375 ° F (190 ° C).
2. Corta la parte superior de todos los tomates y quita las semillas del interior.
3. Arregle las bases de los tomates en una bandeja para hornear con su lado cortado hacia arriba.
4. Agregue mozzarella picada a las bases de tomate y cubra con pimiento rojo y hojas.
5. Rellene los tomates con capas de estos ingredientes.
6. Al final, cubra cada base con una cucharada de pesto.
7. Cubra las bases de tomate con sus tapas picadas.
8. Hornee estos tomates en el horno precalentado durante 20 minutos.
9. Servir de inmediato.

Información Nutricional

Porciones: 6

Cantidad por porción

Calorías	**280**

	% Valor Diario*
Grasa Totalt 14.6g	**19%**
Grasa Saturada 4.2g	**21%**
Colesterol 13mg	**4%**
Sodio 248mg	**11%**
Carbohidratos Totales 30.9g	**11%**
Fibra dietética 2.7g	**10%**
Azúcares totales 6.7g	
Proteína 8.5g	
Vitamina D 0mcg	0%
Calcio 74mg	6%
Hierro 2mg	11%
Potasio 531mg	11%

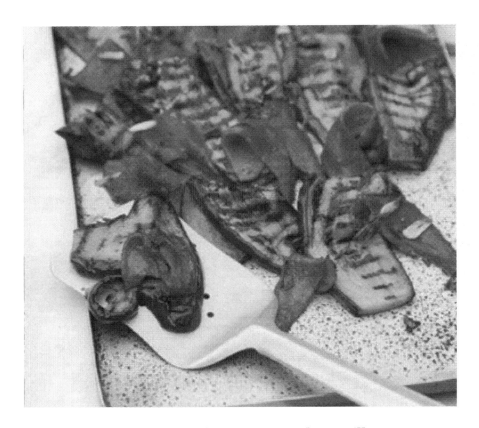

Esta ensalada está hecha de berenjena a la parrilla y pimientos asados. Ambas verduras después de asar en la sartén, se sazonan con ajo y tomillo. Luego se hornean con ajo para obtener los sabores aromáticos.

Tiempo de preparación: 05 minutos

Tiempo de cocción: 30 minutos

Alérgenos: Ausentes

Ingredientes:

- 1 ¼ taza de pimiento rojo asado listo
- 2-3 berenjenas
- aceite de oliva
- 2 dientes de ajo, en rodajas
- hojas de tomillo

Instrucciones:

1. Coloque los pimientos asados en un colador para escurrirlos.
2. Coloque la sartén a fuego alto.
3. Agregue las berenjenas a la sartén junto con un poco de aceite.
4. Cocínelos por unos minutos por lado hasta que estén asados.
5. Deje que su horno se precaliente a 325° F (163° C)
6. Agregue las berenjenas y pimientos asados a una bandeja para hornear en hileras.
7. Rocíe aceite de oliva sobre estas hileras junto con hojas de tomillo, condimentos y rodajas de ajo.
8. Coloque la bandeja para hornear en el horno y hornee durante 30 minutos.
9. Servir de inmediato.

Información Nutricional

Porciones: 2

Cantidad por porción

Calorías	**211**

	% Valor Diario*
Grasa Totalt 1g	**1%**
Grasa Saturada 0g	**0%**
Colesterol 0mg	**0%**
Sodio 571mg	**25%**
Carbohidratos Totales 43.2g	**16%**
Fibra dietética 19.4g	**69%**
Azúcares totales 16.5g	
Proteína 7.6g	

Vitamina D 0mcg	0%
Calcio 75mg	6%
Hierro 2mg	9%
Potasio 1267mg	27%

Calamares Crujientes con Alcaparras

Tener un aperitivo crujiente de calamar es tan único como parece. El calamar tiene su textura distintiva que complementa el recubrimiento de harina sobre él. Junto con ellos, las alcaparras también están cubiertas y fritas, por lo que juntas hacen una delicia tentadora.

Tiempo de preparación: 05 minutos

Tiempo de cocción: 20 minutos

Alérgenos: Trigo, huevo

Ingredientes:

- 10 onzas. chipirones limpios
- 7 oz. harina de trigo integral
- 2 cucharadas de alcaparras, escurridas y finamente picadas
- 1 diente de ajo, machacado
- 5 cucharadas de mayonesa
- aceite vegetal o de girasol, para freír
- rodajas de limón, para servir

Instrucciones:

1. Primero, corte los calamares en aros gruesos.
2. Mezcle estos anillos con condimentos y harina en un tazón poco profundo.
3. Mezcle las alcaparras para cubrirlas también.
4. Precaliente el aceite en un wok para freír las alcaparras y los calamares.
5. Una vez que se haya calentado bien, agregue los anillos de calamar uno por uno después de sacudir el exceso de harina.

6. Del mismo modo, agregue las alcaparras recubiertas al aceite hirviendo.

7. Cuando se fríen a un color dorado, transfiera las alcaparras y los calamares al plato.

8. Remoje el exceso de aceite cubriendo el plato con una toalla de papel.

9. Servir con mayonesa de ajo y limón.

Información Nutricional

Porciones: 6

Cantidad por porción

Calorías	**213**

	% Valor Diario*
Grasa Totalt 5.1g	**7%**
Grasa Saturada 0.8g	**4%**
Colesterol 113mg	**38%**
Sodio 194mg	**8%**
Carbohidratos Totales 29.9g	**11%**
Fibra dietética 1g	**4%**
Azúcares totales 0.9g	
Proteína 11g	
Vitamina D 0mcg	0%
Calcio 24mg	2%
Hierro 2mg	11%
Potasio 156mg	3%

Tortilla con Especias

A diferencia de la tortilla de harina, esta está hecha del huevo. Una fina capa de huevo batida y sazonada se cocina en una sartén, y luego se transfiere a una parrilla donde se induce el fuerte sabor ahumado al huevo.

Tiempo de preparación: 05 minutos

Tiempo de cocción: 25 minutos

Alérgenos: Huevo

Ingredientes:

- 1 cucharada de aceite de girasol
- 1 cebolla, en rodajas
- 1 chile rojo, sin semillas y rallado
- 2 cucharaditas de especias al curry
- 1 ½ taza de tomate cherry
- 1 libra de papa cocida, en rodajas
- manojo de tallos de cilantro finamente picados, hojas picadas
- 8 huevos batidos

Instrucciones:

1. Primero, deje que el aceite se precaliente en una sartén adecuada.
2. Agregue la mitad del chile y la cebolla a la sartén y saltee durante 5 minutos.
3. Agregue las especias, tomates, papas y tallos de cilantro.
4. Batir los huevos con el condimento y verterlo en la sartén.
5. Cocine la mezcla durante 10 minutos hasta que esté lista.
6. Deje que la parrilla se precaliente y transfiera la sartén a esto durante 2 minutos.
7. Decorar con los chiles restantes y las hojas de cilantro.
8. Cortar y disfrutar.

Información Nutricional

Porciones: 4

Cantidad por porción

Calorías	261

	% Valor Diario*
Grasa Totalt 12.5g	**16%**
Grasa Saturada 3.1g	**16%**
Colesterol 327mg	**109%**
Sodio 135mg	**6%**
Carbohidratos Totales 24.3g	**9%**
Fibra dietética 3.5g	**12%**
Azúcares totales 2.8g	
Proteína 14.1g	
Vitamina D 31mcg	154%
Calcio 67mg	5%
Hierro 3mg	15%
Potasio 638mg	14%

Las pizzas de pan siempre han sido un aperitivo favorito para todas las ocasiones. La masa de harina está cubierta con ingredientes de tomate y albahaca mezclados con mozzarella. Estas pizzas son las mejores para servir a todos los vegetarianos, y hacen una delicia atractiva para la mesa.

Tiempo de preparación: 10 minutos

Tiempo de cocción: 15 minutos

Alérgenos: Trigo

Ingredientes:

- 1 libra de harina de trigo integral fuerte, más extra para enrollar
- 1 bolsita de levadura de acción rápida
- 1 cucharadita de sal
- 2 cucharadas de aceite de oliva

Para la cobertura

- 1/4 taza de mantequilla de almendras, ablandada
- 2 dientes de ajo, machacados
- 1 ½ taza de mozzarella, escurrida
- 4 tomates, picados
- puñado de hojas de albahaca, picadas
- 1 cucharada de aceite de oliva virgen extra
- 1 cucharadita de vinagre balsámico

Instrucciones:

1. Mezcle todo para la masa con 300 ml de agua tibia en un recipiente adecuado.

2. Amasar bien esta masa y luego cortarla en ocho partes iguales.

3. Estire estas piezas en círculos de 15 cm.

4. Coloque estas piezas en una sola bandeja grande o en dos bandejas para hornear medianas.

5. Revuelva el ajo con la mantequilla derretida en un tazón pequeño y vierta sobre la masa.

6. Cubra estas piezas con mozzarella y luego transfiéralas al horno.

7. Hornee las pizzas durante 15 minutos en un horno precalentado a 320° F (160° C)

8. Cubra las pizzas horneadas con los ingredientes restantes.

9. Servir de inmediato.

Información Nutricional

Porciones: 4

Cantidad por porción

Calorías	**629**

	% Valor Diario*
Grasa Totalt 21.8g	**28%**
Grasa Saturada 9.6g	**48%**
Colesterol 36mg	**12%**
Sodio 735mg	**32%**
Carbohidratos Totales 92.2g	**34%**
Fibra dietética 4.6g	**16%**
Azúcares totales 3.6g	
Proteína 16g	
Vitamina D 8mcg	40%
Calcio 43mg	3%
Hierro 6mg	31%
Potasio 423mg	9%

Los amantes del tomate se enamorarán instantáneamente de
estas mini pizzas ya que la corteza está cargada con nada más
que tomates y queso. La corteza primero se coloca en capas
con salsa de tomate, luego con rodajas de tomate y finalmente
con queso antes de hornear.

Tiempo de preparación: 10 minutos

Tiempo de cocción: 12 minutos

Alérgenos: Trigo, Lácteos

Ingredientes:

Para la masa

- 1 libra de harina de pan, incluído más para espolvorear
- 1 bolsita de levadura de acción rápida
- 2 cucharadas de aceite de oliva
- 1 1/2 tazas de agua tibia

Para la cobertura

- 5 cucharadas de salsa de tomate asado
- 8 tomates
- Ingredientes: queso de cabra, parmesano rallado, puñado de rúcula, jamón serrano

Instrucciones:

1. Mezcle la levadura y 2 cucharaditas con harina en un tazón adecuado.
2. Vierta agua y aceite mientras agita la mezcla.

3. Amasar bien esta masa durante 2 minutos después de dejarla reposar durante 5 minutos.

4. Cubra la masa con una lámina de plástico y manténgala en un lugar cálido durante 2 horas.

5. Deje que su horno se precaliente a 390° F (199° C)

6. Amasar la masa en ocho partes iguales y rodarlas en círculos.

7. Coloque estos círculos en dos bandejas para hornear mientras mantiene cierta distancia en el medio.

8. Cubra cada círculo con una capa de salsa, rodajas de tomate, parmesano y condimento.

9. Hornee durante unos 12 minutos en el horno precalentado.

10. Disfruta.

Información Nutricional

Porciones: 4

Cantidad por porción

Calorías	**522**

	% Valor Diario*
Grasa Totalt 8.6g	**11%**
Grasa Saturada 1.3g	**6%**
Colesterol 0mg	**0%**
Sodio 115mg	**5%**
Carbohidratos Totales 97.1g	**35%**
Fibra dietética 6.3g	**23%**
Azúcares totales 7.6g	
Proteína 14.1g	
Vitamina D 0mcg	0%
Calcio 44mg	3%
Hierro 6mg	34%
Potasio 768mg	16%

Pizza de Queso de Cabra

Esta pizza es excelente para hacer en casa y en el exterior cuando no tienes suficiente para cocinar u hornear de ningún tipo. Entonces, el pan de molde rebanado con pesto, pimientos asados y queso de cabra.

Tiempo de preparación: 10 minutos

Tiempo de cocción: 0 minutos

Alérgenos: Trigo, Lácteos

Ingredientes:

- 1 pan redondo de focaccia o ciabatta larga
- 7 oz. pimientos rojos y amarillos a la parrilla marinados en aceite de oliva
- 3 cucharadas de pesto
- 2/3 taza de berros
- 4 onzas. queso de cabra suave
- un puñado de aceitunas negras

Instrucciones:

1. Rebane el pan por la mitad y déjelo a un lado.
2. Coloque los pimientos en un colador para escurrirlos mientras conserva su aceite.
3. Cubra los trozos de pan con una cucharadita de pesto sobre el lado cortado.
4. Divida el queso desmenuzado, el berro y la pimienta sobre cada pieza.
5. Use el pesto restante y mézclelo con 1 cucharada de aceite de pimienta.
6. Rocíe este aceite sobre las rodajas.
7. Decorar con aceitunas y servir.

Información Nutricional

Porciones: 4

Cantidad por porción

Calorías	**256**

	% Valor Diario*
Grasa Totalt 12.2g	**16%**
Grasa Saturada 5.2g	**26%**
Colesterol 16mg	**5%**
Sodio 370mg	**16%**
Carbohidratos Totales 28.7g	**10%**
Fibra dietética 2g	**7%**
Azúcares totales 2.5g	
Proteína 10.6g	

Vitamina D 0mcg	0%
Calcio 84mg	6%
Hierro 1mg	5%
Potasio 123mg	3%

Recetas Vegetarianas

Tarta de Verduras y Queso Feta a la Plancha

Esta no es una tarta de verduras ordinaria, más bien la hoja de hojaldre está horneada con verduras carbonizadas y asadas, por lo que la tarta adquiere un sabor ahumado y fuerte que se complementa con la cubierta de queso encima.

Tiempo de preparación: 10 minutos

Tiempo de cocción: 30 minutos

Alérgenos: Trigo, Lácteos

Ingredientes:

- 2 cucharadas de aceite de oliva
- 1 berenjena en rodajas
- 2 calabacines en rodajas
- 2 cebollas rojas, cortadas en trozos gruesos
- 3 hojas grandes de masa filo
- 10-12 tomates cherry, cortados por la mitad
- Unas cuantas gotas de vinagre balsámico
- 1/2 taza de queso feta, desmenuzado
- 1 cucharadita de orégano seco
- bolsa grande de hojas de ensalada mixtas y aderezo bajo en grasa, para servir

Instrucciones:

1. Deje que su horno se precaliente a 375° F (190° C).
2. Vierta 1 cucharadita de aceite en una sartén y caliente a fuego medio.
3. Agregue las berenjenas y cocine a la parrilla hasta que estén carbonizadas, luego transfiéralas a un plato.

4. Luego, asa los calabacines y las cebollas en la sartén, uno tras otro.
5. Engrase una bandeja para hornear con aceite para untar la capa de filo.
6. Extienda las verduras carbonizadas, los tomates y los condimentos sobre el filo.
7. Rocíe el queso feta, el orégano y el aceite restante sobre él.
8. Hornee por 20 minutos hasta que esté dorado desde la parte superior.
9. Rebana y disfruta.

Información Nutricional

Porciones: 4

Cantidad por porción

Calorías	**482**

	% Valor Diario*
Grasa Totalt 26.5g	**34%**
Grasa Saturada 12.5g	**62%**
Colesterol 17mg	**6%**
Sodio 914mg	**40%**
Carbohidratos Totales 50.8g	**18%**
Fibra dietética 12.4g	**44%**
Azúcares totales 22.6g	
Proteína 14g	
Vitamina D 0mcg	0%
Calcio 167mg	13%
Hierro 2mg	11%
Potasio 1346mg	29%

Ñoquis Mediterráneos

Los ñoquis suaves y esponjosos se cocinan con verduras carbonizadas y a la parrilla. Esta sabrosa combinación está aromatizada con pesto rojo, que sabe increíble cuando la receta se sirve con ensalada fresca.

Tiempo de preparación: 10 minutos

Tiempo de cocción: 5 minutos

Alérgenos: Ausentes

Ingredientes:

- 14 oz. Ñoquis
- 7 oz. verduras a la parrilla (pimientos, berenjenas, alcachofas y tomates semisecos)
- 2 cucharadas de pesto rojo
- un puñado de hojas de albahaca
- parmesano, para servir

Instrucciones:

1. Hervir los ñoquis en agua con sal durante 2 minutos y luego escurrirlos al instante.
2. Agregue los ñoquis a una sartén junto con salpicaduras de agua.
3. Agregue el pesto rojo, las verduras carbonizadas, el parmesano y las hojas de albahaca.
4. Disfruta.

Información Nutricional

Porciones: 4

Cantidad por porción

Calorías   223

	% Valor Diario*
Grasa Totalt 4.5g	6%
Grasa Saturada 0g	0%
Colesterol 1mg	0%
Sodio 644mg	28%
Carbohidratos Totales 38.6g	14%
Fibra dietética 4.8g	17%
Azúcares totales 1.6g	
Proteína 5.6g	
Vitamina D 0mcg	0%
Calcio 30mg	2%
Hierro 1mg	4%
Potasio 84mg	2%

Arroz de Hongos y Hierbas con Limón

Ningún menú está completo sin una buena receta de arroz. Así que esta está aquí para mejorar tu menú. El arroz se cocina con champiñones y hierbas. La mezcla se sirve con cebollino y perejil cuando se cocina y se esponja.

Tiempo de preparación: 10 minutos

Tiempo de cocción: 10 minutos

Alérgenos: Ausentes

Ingredientes:

- 1 taza de arroz de grano largo
- 1 paquete de 1/4 taza de champiñones castaños
- 2 cucharadas de aceite de oliva
- 2 dientes de ajo grandes, finamente picados
- 5 cucharadas de perejil picado
- 3 cucharadas de cebollino cortado
- ralladura finamente rallada 1 limón

Instrucciones:

1. Hervir agua con sal en una sartén de tamaño adecuado.
2. Agregue arroz al agua, cocínelos durante 10 minutos con agitación constante.
3. Cuando el arroz esté listo, escurrirlo a través de un tamiz.
4. Cortar los champiñones en dados y saltearlos en aceite precalentado durante 4 minutos.
5. Agregue el ajo, saltee por un minuto.
6. Agregue la ralladura de limón, el cebollino, el perejil y el arroz escurrido.
7. Disfrutar.

Información Nutricional

Porciones: 4

Cantidad por porción

Calorías   281

% Valor Diario*

Grasa Totalt 8.9g	**11%**
Grasa Saturada 1.4g	**7%**
Colesterol 0mg	**0%**
Sodio 23mg	**1%**
Carbohidratos Totales 43.6g	**16%**
Fibra dietética 5.4g	**19%**
Azúcares totales 0.8g	
Proteína 9g	
Vitamina D 0mcg	0%
Calcio 78mg	6%
Hierro 4mg	20%
Potasio 1436mg	31%

Arroz Anacardo

Es difícil imaginar una receta de arroz con sabor a fruta, pero esta combinación lo ha hecho todo muy real. El arroz basmati se cocina con pimienta y anacardos, pero la salsa utilizada en esta receta está hecha de salsa de mango / chutney, que es en parte dulce y salado.

Tiempo de preparación: 10 minutos

Tiempo de cocción: 20 minutos

Alérgenos: soja, anacardos

Ingredientes:

- 4 onzas de anacardos
- 3 tazas de arroz basmati cocido, enfriado
- 1 pimiento verde, sin semillas y en rodajas finas
- 1 pimiento amarillo, sin semillas y finamente rebanado
- 1 cebolla roja pequeña, finamente rebanada

Para el aderezo

- 3 cucharadas de chutney de mango
- 2 cucharadas de salsa de soya ligera
- 1 cucharada de aceite
- 1 cucharada de azúcar morena
- 2 cucharaditas de curry en polvo
- jugo ½ limón

Instrucciones:

1. Mezcle todos los ingredientes para vestirse en un tazón adecuado.
2. Agregue anacardos a una sartén seca y tueste hasta que estén dorados.
3. Transfiera estos anacardos al aderezo mixto.
4. Agregue arroz, cebolla y pimientos.
5. Disfrutar.

Información Nutricional

Porciones: 4

Cantidad por porción

Calorías   **433**

	% Valor Diario*
Grasa Totalt 17.1g	**22%**
Grasa Saturada 3.2g	**16%**
Colesterol 0mg	**0%**
Sodio 2384mg	**104%**
Carbohidratos Totales 70.6g	**26%**
Fibra dietética 2.5g	**9%**
Azúcares totales 14.1g	
Proteína 10.3g	
Vitamina D 0mcg	0%
Calcio 33mg	3%
Hierro 4mg	24%
Potasio 391mg	8%

Brócoli Asado a la Parmesana

El horneado de brócoli con queso parmesano es una buena opción para servir el brócoli en su mesa para todos. Debido a los condimentos básicos y al queso derretido sobre sus floretes horneados, las verduras realmente saben a tentador.

Tiempo de preparación: 10 minutos

Tiempo de cocción: 25 minutos

Alérgenos: Lácteos

Ingredientes:

- 1 libra (16 onzas) de brócoli floretes, cortados en trozos pequeños
- 2 cucharadas de aceite de oliva
- Sal al gusto
- ½ taza de queso parmesano rallado
- 1 a 2 cucharadas de vinagre balsámico espeso
- Ralladura de limón de ½ a 1 limón, preferiblemente orgánico
- Una pizca de hojuelas de pimiento rojo
- Una pizca de sal marina escamosa en sal

Instrucciones:

1. Deje que su horno precaliente 400° F (204° C).
2. Extienda un papel pergamino en una bandeja para hornear.
3. Condimentar los floretes de brócoli con sal.
4. Extienda los floretes de brócoli en la bandeja para hornear.
5. Primero, hornee el brócoli durante 15 minutos en el horno caliente.
6. Luego rocíe el queso parmesano después de tirarlos.
7. Hornee estas florecillas nuevamente por 10 minutos.
8. Sazone con sal, hojuelas de pimiento rojo, ralladura de limón y vinagre balsámico.
9. Disfruta.

Información Nutricional

Porciones: 4

Cantidad por porción

Calorías 146

	% Valor Diario*
Grasa Totalt 10.4g	**13%**
Grasa Saturada 3g	**15%**
Colesterol 10mg	**3%**
Sodio 167mg	**7%**
Carbohidratos Totales 8.5g	**3%**
Fibra dietética 3g	**11%**
Azúcares totales 2.4g	
Proteína 7.7g	
Vitamina D 0mcg	0%
Calcio 178mg	14%
Hierro 1mg	5%
Potasio 359mg	8%

Si los llamas pequeñas tazas de queso, eso estaría mal. Los moldes se rellenan con salsa de tomate bien cocida que luego se cubre con queso. Se hornean y se sirven calientes. Puede agregar cualquier otro vegetal de su elección para hacerlo más abundante.

Tiempo de preparación: 5 minutos

Tiempo de cocción: 25 minutos

Alérgenos: Lácteos

Ingredientes

- 1 cucharada de aceite de oliva
- ½ taza de cebolla blanca finamente picada
- 2 dientes de ajo medianos, prensados o picados
- 1 ¼ cucharada de albahaca fresca picada
- ¼ cucharadita de hojuelas de pimiento rojo
- ¼ cucharadita de orégano seco
- 1 ½ cucharadita de vinagre de vino blanco
- 1 lata (15 onzas) de tomates triturados
- ½ cucharadita de sal kosher o ¼ cucharadita de sal marina fina
- Pimienta negra recién molida
- 4 onzas de queso de cabra
- Baguette integral para servir

Instrucciones:

1. Deje que su horno se precaliente a 375 ° F (190 ° C).
2. Vierta el aceite en una sartén calefactora y saltee la cebolla durante 3 minutos.
3. Agregue hojuelas de pimiento rojo, albahaca, orégano y ajo.
4. Revuelva cocine por un minuto y luego rocíe en vinagre de vino blanco.
5. Agregue sal, pimienta y tomates a la sartén.
6. Cubra la mezcla de tomate con una tapa y cocine por 10 minutos a fuego lento.
7. Divida esta mezcla picante en los moldes y cúbralos con queso.
8. Coloque los moldes rellenos en una bandeja para hornear y hornee durante 15 minutos en un horno precalentado.
9. Pruebe el aceite de oliva y la albahaca para decorar.
10. Disfruta con pan caliente.

Información Nutricional

Porciones: 4

Cantidad por porción

Calorías   112

% Valor Diario*

Grasa Totalt 8.1g	**10%**
Grasa Saturada 1.5g	**8%**
Colesterol 3mg	**1%**
Sodio 109mg	**5%**
Carbohidratos Totales 8.2g	**3%**
Fibra dietética 3g	**11%**
Azúcares totales 2.4g	
Proteína 4.3g	
Vitamina D 0mcg	0%
Calcio 85mg	7%
Hierro 1mg	5%
Potasio 359mg	8%

Tabulé de Verduras Asadas

El Tabbouleh tiene un sabor bastante refrescante. El plato está lleno de fibras y todos los nutrientes esenciales. El trigo bulgur hervido se mezcla con verduras y frijoles junto con un aderezo básico de cáscara de limón.

Tiempo de preparación: 10 minutos

Tiempo de cocción: 25 minutos

Alérgenos: Ausentes

Ingredientes:

- ¾ taza de bulgur
- 3 zanahorias medianas, picadas
- 1 cebolla roja pequeña, picada
- Spray para cocinar
- 1 lata (16 onzas) de garbanzos, enjuagados y escurridos
- ½ taza de perejil fresco picado
- ½ cucharadita de cáscara de limón finamente rallada
- 3 cucharadas de jugo de limón
- 2 cucharadas de agua
- 2 cucharadas de aceite de oliva
- 2 cucharaditas de tomillo fresco cortado
- ¼ cucharadita de pimienta negra molida
- ⅛ cucharadita de sal
- 1 tomate mediano, picado

Instrucciones:

1. Deje que su horno se caliente previamente a 400° F (204° C)
2. Hervir el trigo bulgur en agua según las instrucciones dadas en el paquete.
3. Drene el bulgur una vez hecho y luego déjelo a un lado.
4. Extienda los trozos de zanahorias y cebollas en una recipiente para hornear.

5. Mezcle estas verduras con aceite de oliva y hornee por 25 minutos.

6. Mezcle el bulgur con la cáscara de limón, el perejil, la pimienta, la sal, el jugo de limón y el garbanzo en un tazón grande.

7. Agregue las verduras al horno.

8. Decorar y disfrutar.

Información Nutricional

Porciones: 4

Cantidad por porción

Calorías	**370**

	% Valor Diario*
Grasa Totalt 10.6g	**14%**
Grasa Saturada 1.5g	**7%**
Colesterol 0mg	**0%**
Sodio 57mg	**2%**
Carbohidratos Totales 58.7g	**21%**
Fibra dietética 15.9g	**57%**
Azúcares totales 9.6g	
Proteína 14.1g	
Vitamina D 0mcg	0%
Calcio 105mg	8%
Hierro 5mg	29%
Potasio 852mg	18%

Vegan Pesto Spaghetti Squash

La calabaza espagueti siempre ha sido una buena alternativa a la pasta rica en carbohidratos, ya que está hecha de calabaza cocida. Aquí los espaguetis de la calabaza se mezclan con salsa de tomate con champiñones junto con albahaca y anacardos.

Tiempo de preparación: 10 minutos

Tiempo de cocción: 50 minutos

Alérgenos: Cashews

Ingredientes:

- 1 calabaza de espagueti de 2½ a 3 libras, dividida a la mitad a lo largo y sin semillas
- 4 cucharadas de aceite de oliva virgen extra, dividido
- 8 onzas de champiñones cremini, en rodajas
- ½ taza de tomates en juliana secados al sol
- ½ cucharadita de sal, dividida
- 1 taza de hojas frescas de albahaca
- 2 dientes de ajo, picados en trozos grandes
- ⅓ taza de anacardos crudos sin sal
- 3 cucharadas de jugo de limón
- 2 cucharaditas de levadura nutricional
- ½ cucharadita de pimienta molida

Instrucciones:

1. Rebane la calabaza en dos mitades y colóquelas en la bandeja para hornear.
2. Hornee estas mitades en el horno precalentado durante 45 minutos a 400 grados F.

3. Saltee los champiñones y los tomates con sal en una cucharada. Aceitar por 5 minutos en una sartén.

4. Mezcle 3 cucharadas. aceite con albahaca, jugo de limón, anacardos, ajo, sal, levadura y pimienta.

5. Raspe la carne de la calabaza horneada para obtener espagueti delgado.

6. Coloque los espaguetis en un colador para drenar todo el líquido.

7. Divida los espaguetis escurridos en los platos para servir.

8. Cubra con champiñones y salsa de albahaca.

9. Disfrutar.

Información Nutricional

Porciones: 4

Cantidad por porción

Calorías	**245**

	% Valor Diario*
Grasa Totalt 20g	**26%**
Grasa Saturada 3.3g	**16%**
Colesterol 0mg	**0%**
Sodio 450mg	**20%**
Carbohidratos Totales 15g	**5%**
Fibra dietética 2.1g	**7%**
Azúcares totales 4.4g	
Proteína 5.4g	
Vitamina D 0mcg	0%
Calcio 41mg	3%
Hierro 2mg	12%
Potasio 668mg	14%

Judías Verdes Carbonizadas con Mostaza

Las judías verdes, cuando están carbonizadas y a la parrilla tienen un sabor increíble. Además, estos frijoles se sazonan con pimienta, sal y mostaza. El uso de vinagre de vino tinto agrega un sabor terroso a los frijoles. Servirlos con avellanas picadas encima.

Tiempo de preparación: 10 minutos

Tiempo de cocción: 10 minutos

Alérgenos: Hazelnuts

Ingredientes:

- Judías verdes de 1 libra, cortadas
- 3 cucharadas de aceite de oliva virgen extra, fraccionado
- 1 cucharada de vinagre de vino tinto
- 2 cucharaditas de mostaza integral
- ¼ cucharadita de sal
- ¼ cucharadita de pimienta molida
- ¼ taza de avellanas picadas tostadas

Instrucciones:

1. Prepare y precaliente la parrilla.
2. Mezcle las judías verdes con una cucharada de aceite en un tazón.
3. Ase los frijoles en la parrilla precalentada durante 7 minutos.
4. Sazone estos frijoles con pimienta, vinagre, mostaza, sal y aceite.
5. Decorar los frijoles con avellanas.
6. Disfruta.

Información Nutricional

Porciones: 2

Cantidad por porción

Calorías	**315**

	% Valor Diario*
Grasa Totalt 27.2g	**35%**
Grasa Saturada 3.5g	**17%**
Colesterol 0mg	**0%**
Sodio 328mg	**14%**
Carbohidratos Totales 18.3g	**7%**
Fibra dietética 8.7g	**31%**
Azúcares totales 3.6g	
Proteína 5.6g	
Vitamina D 0mcg	0%
Calcio 96mg	7%
Hierro 3mg	16%
Potasio 544mg	12%

Verduras Asadas Ahumadas

Hagamos un buen uso de todas las verduras de verano y colóquelas en una ratatouille colorida para alegrar su mesa. Finas rodajas de verduras se hornean junto con hierbas.

Tiempo de preparación: 10 minutos

Tiempo de cocción: 1hr. 15 minutos

Alérgenos: Ausentes

Ingredientes:

- 3 tomates medianos, en rodajas
- 2 cebollas rojas pequeñas, cortadas en rodajas y separadas
- 1 berenjena pequeña, cortada en palitos de 3 pulgadas
- 1 pimiento naranja pequeño, rebanado
- 1 pimiento amarillo pequeño, rebanado
- 1 pequeña calabaza de verano, cortada en palitos de 3 pulgadas
- 1 calabacín pequeño, cortado en palitos de 3 pulgadas
- 1 cucharadita de sal marina, dividida
- 3 ramitas de perejil fresco
- 2 ramitas de tomillo fresco
- 1 hoja de laurel
- 4 dientes de ajo, divididos
- ⅓ taza de aceite de oliva virgen extra
- 1 cucharada de vinagre balsámico
- 1 cucharada de vinagre de vino tinto

Instrucciones:

1. Deje que su horno se precaliente a 350° F (177° C)
2. Sazonar las verduras con sal lanzándolas bien en un tazón.
3. Coloque las verduras en una recipiente para hornear, alternativamente para formar filas de colores del arco iris.

443

4. Ate el tomillo, el perejil y el laurel con una cuerda de cocina.
5. Coloque estas hojas atadas en el centro de las verduras.
6. Cúbralos con un poco de aceite y dientes de ajo.
7. Hornee las verduras durante 1 hora y 15 minutos en el horno precalentado.
8. Decorar con una llovizna de vinagre.
9. Disfruta.

Información Nutricional

Porciones: 4

Cantidad por porción

Calorías	**231**
	% Valor Diario*
Grasa Totalt 17.5g	**22%**
Grasa Saturada 2.5g	**12%**
Colesterol 0mg	**0%**
Sodio 482mg	**21%**
Carbohidratos Totales 19.6g	**7%**
Fibra dietética 7.3g	**26%**
Azúcares totales 10.6g	
Proteína 3.6g	
Vitamina D 0mcg	0%
Calcio 59mg	5%
Hierro 2mg	10%
Potasio 760mg	16%

Recetas de Postres

Estos tazones de yogur de linaza son excelentes para servir como postre después de las comidas o incluso como desayuno en la dieta mediterránea. Estos son relativamente simples de hacer, ya que solo necesita juntar todo y no implica cocinar.

Tiempo de preparación: 10 minutos

Tiempo de cocción: 0 minutos

Alérgenos: Semilla de linos

Ingredientes:

- 4 tazas de yogur griego de vainilla
- 2 bananas medianas en rodajas
- 1/4 taza de mantequilla de maní natural cremosa
- 1/4 taza de harina de linaza
- 1 cucharadita de nuez moscada

Instrucciones:

1. Agregue yogurt a los tazones para servir.
2. Agregue la mantequilla derretida, las semillas de lino y la nuez moscada.
3. Cubra el yogurt con rodajas de banana por igual.
4. Disfruta.

Información Nutricional

Porciones: 4

Cantidad por porción

Calorías 414

	% Valor Diario*
Grasa Totalt 14.7g	**19%**
Grasa Saturada 4.2g	**21%**
Colesterol 20mg	7%
Sodio 143mg	6%
Carbohidratos Totales 48.3g	**18%**
Fibra dietética 4.5g	**16%**
Azúcares totales 31.7g	
Proteína 24.7g	
Vitamina D 0mcg	0%
Calcio 206mg	16%
Hierro 4mg	20%
Potasio 715mg	15%

La quinua es un grano principal de una dieta saludable, por lo que podemos hacer un buen uso agregándola a una barra de chocolate. Los ingredientes derretidos se mezclan con la quinua tostada y luego la barra se refrigera hasta que esté lista. Estas barras son excelentes para preservaciones prolongadas.

Tiempo de preparación: 10 minutos

Tiempo de cocción: 0 minutos

Alérgenos: Ausentes

Ingredientes:

- 4 barras de chocolate semidulce de 4 oz, picadas
- 1 taza de quinua seca
- 1 cucharada de mantequilla de maní
- ½ cucharadita de vainilla

Instrucciones:

1. Tueste la quinua en una sartén seca y caliente hasta que se vuelva de color dorado.
2. Agregue la vainilla, el chocolate derretido y la mantequilla de maní.
3. Una vez bien mezclado, esparza esta mezcla en una bandeja para hornear de manera uniforme.
4. Refrigere por 4 horas y luego divídalo en trozos pequeños.
5. Disfruta.

Información Nutricional

Porciones: 6

Cantidad por porción

Calorías	**278**

	% Valor Diario*
Grasa Totalt 11.8g	**15%**
Grasa Saturada 6.6g	**33%**
Colesterol 7mg	**2%**
Sodio 37mg	**2%**
Carbohidratos Totales 36.2g	**13%**
Fibra dietética 3.1g	**11%**
Azúcares totales 15.4g	
Proteína 6.9g	
Vitamina D 0mcg	0%
Calcio 69mg	5%
Hierro 2mg	12%
Potasio 286mg	6%

Baklava Griega

Baklava es famoso en varias subcocinas. Es igualmente popular en Grecia y Turquía. El baklava griego está hecho con capas de láminas de filo en capas con pasta de nueces ligeramente dulce. El jarabe se vierte luego sobre capas horneadas para obtener más sabor.

Tiempo de preparación: 10 minutos

Tiempo de cocción: 55 minutos

Alérgenos: Nuez, Almendras, Sésamo

Ingredientes:

- 12 hojas de masa de hojaldre
- 2 tazas de almendras picadas
- 2 tazas de nueces picadas
- 1 taza de semillas de sésamo
- 2 cucharaditas de canela molida
- 1 cucharadita de clavo molido
- 3 cucharadas de miel
- 1 taza de aceite de oliva virgen extra
-

Jarabe:

- 2 tazas de agua
- 1 ¼ taza de miel
- 1 rama de canela
- La cáscara de 1 limón.
- Jugo de 1 limón

Instrucciones:

1. Deje que su horno se precaliente a 350° F (177° C)
2. Mezcle las nueces con canela, almendras, semillas de sésamo, clavo molido y miel en un tazón.
3. Cepille ambos lados de cada hoja de hojaldre con aceite de oliva.

4. Coloque esta capa en la fuente para hornear, cúbrala con 3 capas más aceitosas de láminas de hojaldre.

5. Vierta la mitad de la mezcla de nueces y extiéndala uniformemente.

6. Agregue la mitad de la mezcla de nueces y extiéndala uniformemente.

7. Nuevamente agregue capas de 4 láminas de hojaldre engrasadas.

8. Vierta la otra mitad de la mezcla de nueces encima y extiéndala.

9. Hornee el baklawa durante 35 minutos en el horno precalentado.

10. Corta las capas en cuadrados y deja que se enfríe.

11. Por otro lado, cocina todos los ingredientes de la salsa durante 15 minutos a fuego lento.

12. Viértalo sobre las piezas de baklava.

13. Disfruta.

Información Nutricional

Porciones: 12

Cantidad por porción

Calorías	**651**

	% Valor Diario*
Grasa Totalt 43.8g	**56%**
Grasa Saturada 4.5g	**23%**
Colesterol 0mg	**0%**
Sodio 149mg	**6%**
Carbohidratos Totales 61.3g	**22%**
Fibra dietética 5.6g	**20%**
Azúcares totales 40.1g	
Proteína 13g	
Vitamina D 0mcg	0%
Calcio 209mg	16%
Hierro 4mg	22%
Potasio 288mg	6%

Galletas de Naranja y Sésamo

Estas galletas de naranja son amadas por su refrescante sabor cítrico. La masa tiene sabor a jugo de naranja y limón. Las galletas se enrollan abundantemente en las semillas de sésamo y luego se hornean, lo que le da un agradable sabor aromático.

Tiempo de preparación: 10 minutos

Tiempo de cocción: 25 minutos

Alérgenos: Trigo, sesame

Ingredientes:

- 2 tazas de aceite de oliva virgen extra
- 2 tazas de azúcar morena
- 1 taza de jugo de naranja, recién exprimido
- Jugo de 1 limón
- 1 trago de brandy
- 1 cucharadita de canela molida
- 1 cucharadita de clavo molido
- 2 cucharaditas de bicarbonato de sodio
- 7 ½ tazas de harina de trigo integral
- 1 taza de semillas de sésamo

Instrucciones:

1. Deje que su horno se precaliente a 350° F (177° C)
2. Batir el azúcar con aceite de oliva en una batidora eléctrica durante 10 minutos hasta que se disuelva.
3. Agregue el jugo de naranja y bata nuevamente por 2 minutos.
4. Agregue canela, jugo de limón, clavo, bicarbonato de sodio y brandy.
5. Doble la harina y mezcle bien para preparar una masa suave para galletas.
6. Haga pequeñas galletas y enróllelas en semillas de sésamo.
7. Coloque estas galletas en la bandeja para hornear.
8. Hornee durante 25 minutos en el horno precalentado.
9. Disfrutar.

Información Nutricional

Porciones: 24

Cantidad por porción

Calorías	**375**

	% Valor Diario*
Grasa Totalt 20.2g	**26%**
Grasa Saturada 2.9g	**14%**
Colesterol 0mg	**0%**
Sodio 109mg	**5%**
Carbohidratos Totales 44.5g	**16%**
Fibra dietética 1.9g	**7%**
Azúcares totales 12.8g	
Proteína 5.2g	
Vitamina D 0mcg	0%
Calcio 77mg	6%
Hierro 3mg	16%
Potasio 111mg	2%

Este pastel de queso tiene la corteza crujiente de galletas y un relleno de yogurt y pastel de queso con miel. Una vez que se hornea el pastel, se cubre con frutas frescas, que pueden incluir fresas o bayas.

Tiempo de preparación: 10 minutos

Tiempo de cocción: 25 minutos

Alérgenos: Lácteos

Ingredientes:

- 4 onzas de galletas amaretti
- 3 cucharadas de almendras en hojuelas
- 3 cucharadas de mantequilla de almendras, derretida
- 1 taza de yogurt griego
- 26 oz. mascarpone
- 2 huevos
- ralladura de 1 limón
- ralladura de 1 naranja
- 1 taza de miel
- fruta fresca, para servir

Instrucciones:

1. Deje que su horno se precaliente a 280° F (138° C)
2. Selle las almendras y las galletas en una bolsa ziplock. Aplastarlos con un rodillo.
3. Mezcle esta mezcla con migajas y mantequilla.
4. Extienda esta mezcla en un recipiente para hornear de manera uniforme.
5. Hornee por 10 minutos en el horno precalentado.
6. Batir los huevos en yogurt y mascarpone con un batidor.
7. Agregue la ralladura de naranja y limón.
8. Agregue miel para darle sabor a la masa y luego transfiera la masa a la masa horneada.

9. Cubra la sartén con una carpa de aluminio y luego hornee durante una hora en el horno precalentado.

10. Hornee el pastel durante 15 minutos en el horno precalentado.

11. Decorar con miel y almendras.

12. Disfruta.

Información Nutricional

Porciones: 8

Cantidad por porción

Calorías 460

	% Valor Diario*
Grasa Totalt 22.9g	**29%**
Grasa Saturada 11.3g	**57%**
Colesterol 101mg	**34%**
Sodio 133mg	**6%**
Carbohidratos Totales 50g	**18%**
Fibra dietética 1.2g	**4%**
Azúcares totales 36.4g	
Proteína 16.8g	
Vitamina D 7mcg	34%
Calcio 240mg	18%
Hierro 1mg	5%
Potasio 208mg	4%

Tarta de Almendras con Sabor a Fruta

Para un bocado de pastel grueso y suave, pruebe esta receta de pastel de almendras que tiene una textura ultra esponjosa, pero las frutas secas y las almendras se mezclan con un sabor crujiente. Servir con guarnición de almendras.

Tiempo de preparación: 10 minutos

Tiempo de cocción: 2 hours

Alérgenos: almendras, trigo

Ingredientes:

- Bolsa de 2 libras de frutos secos mixtos
- Ralladura y jugo de 2 naranjas grandes
- 1/2 taza de jerez
- 1 paquete de 1/4 de taza de mantequilla, ablandada, más extra para la lata
- 1 1/4 taza de azúcar moscovado ligero
- semillas raspadas de 1 vaina de vainilla
- 5 oz de harina de trigo integral
- 4 onzas de almendra molida
- 2 cucharaditas de especias mixtas
- 4 huevos grandes, batidos
- 5 oz de almendra entera

Instrucciones:

1. Mezcle las frutas con jugo de naranja, ralladura y jerez.
2. Deje que las frutas se remojen en los jugos en el refrigerador durante la noche.
3. Deje que el horno se precaliente a 280° F (138° C)
4. Tome un molde para pasteles y engrase con mantequilla y esparza papel marrón en él.
5. Batir las semillas de azúcar y vainilla en mantequilla hasta que estén suaves y cremosas.

6.   Agregue especias, harina y almendras molidas, mezcle bien hasta que quede suave.

7.   Doble las frutas marinadas y las almendras enteras.

8.   Vierta la masa en la fuente para hornear y hornee por 1 hora 30 minutos.

9.   Luego reduzca la temperatura del horno a 250° F (121° C).

10.   Hornee nuevamente por 1 hora y 30 minutos.

11.   Disfrutar.

Información Nutricional

Porciones: 8

Cantidad por porción

Calorías 613

	% Valor Diario*
Grasa Totalt 41.8g	**54%**
Grasa Saturada 19.8g	**99%**
Colesterol 169mg	**56%**
Sodio 261mg	**11%**
Carbohidratos Totales 54.1g	**20%**
Fibra dietética 2.7g	**10%**
Azúcares totales 36.8g	
Proteína 9g	
Vitamina D 29mcg	143%
Calcio 72mg	6%
Hierro 2mg	11%
Potasio 191mg	4%

Almendra de Naranja Colomba

El pastel o pan de Colomba tiene una forma diferente, por lo que las capas de sus rebanadas rellenas de una mezcla cremosa y de ralladura junto con almendras hacen de este postre una porción única para la mesa.

Tiempo de preparación: 10 minutos

Tiempo de cocción: 0 minutos

Alérgenos: almendras, trigo, lácteos

Ingredientes:

- 1 1/4 tazas de crema de coco
- 1 1/4 taza de mascarpone
- 4 cucharadas de jerez
- 1 naranja grande, rallada
- 1 colomba
- 1/4 taza de almendras, enteras

Instrucciones:

1. Batir la crema con azúcar glas, mascarpone, ralladura y medio jerez en un tazón adecuado.
2. Corte en dados la colomba en 5 rebanadas horizontales del mismo tamaño.
3. Coloque la rebanada inferior en un plato y cúbrala con el jerez restante.
4. Coloque la mezcla de mascarpone sobre la rodaja.
5. Agregue las almendras encima y coloque otra rebanada de colomba.
6. Continúe agregando capas de rodajas de colomba y la mezcla de crema.
7. Disfrutar.

Información Nutricional

Porciones: 6

Cantidad por porción

Calorías 346

	% Valor Diario*
Grasa Totalt 10.4g	**13%**
Grasa Saturada 3g	**15%**
Colesterol 10mg	**3%**
Sodio 167mg	7%
Carbohidratos Totales 8.5g	**3%**
Fibra dietética 3g	**11%**
Azúcares totales 2.4g	
Proteína 7.7g	
Vitamina D 0mcg	0%
Calcio 178mg	14%
Hierro 1mg	5%
Potasio 359mg	8%

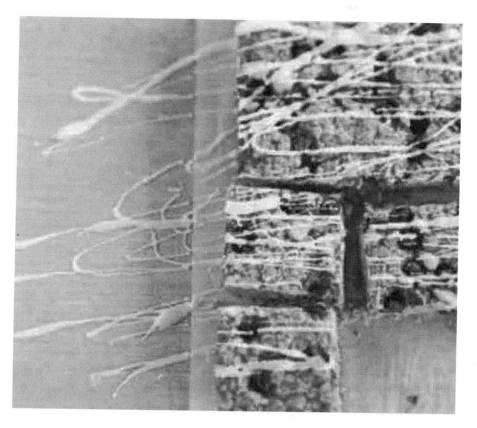

Los flapjacks de todos los tipos y sabores suenan deliciosos cuando necesitas un postre rico y crujiente. Los flapjacks de macadamia y arándanos son solo otra buena forma de disfrutar la avena y las nueces junto con una mezcla mantecosa. Servir con chocolate blanco para un mejor sabor.

Tiempo de preparación: 10 minutos

Tiempo de cocción: 50 minutos

Alérgenos: Nueces, trigo

Ingredientes:

- 1 paquete de 1/4 de taza de mantequilla, más extra para engrasar
- 5 oz. azúcar Demerara
- 3 cucharadas de jarabe dorado
- 7 oz. avena gachas
- 5 oz. avena arrollada gigante
- 5 oz. nueces de macadamia, picadas
- ralladura de medio limón
- 3 cucharadas de harina integral
- 7 oz. arándanos
- 3 cucharadas de chocolate blanco, finamente picado

Instrucciones:

1. Deje que su horno se precaliente a 280° F (138° C)
2. Tome una sartén cuadrada con aceite y cúbrala con papel encerado.
3. Cocine la mantequilla con una pizca de sal, jarabe dorado y azúcar en una cacerola a fuego lento.

4. Mezcle la avena con nueces, ralladura de limón y harina en un recipiente aparte.

5. Agregue la mezcla de mantequilla cocida y mezcle bien hasta que quede suave.

6. Doble las bayas y luego extienda la mezcla a un molde para hornear.

7. Distribuya uniformemente y hornee por 45 minutos hasta que esté dorado.

8. Una vez hecho esto, deje que la tortilla se enfríe a temperatura ambiente.

9. Mientras tanto, derrita el chocolate en el microondas a fuego medio.

10. Rocíe este chocolate blanco sobre el flapjack.

11. Córtalo en trozos pequeños.

12. Disfruta.

Información Nutricional

Porciones: 6

Cantidad por porción

Calorías   **318**

	% Valor Diario*
Grasa Totalt 20.6g	**26%**
Grasa Saturada 12g	**60%**
Colesterol 80mg	**27%**
Sodio 85mg	**4%**
Carbohidratos Totales 16.5g	**6%**
Fibra dietética 1.4g	**5%**
Azúcares totales 9.5g	
Proteína 8.6g	
Vitamina D 13mcg	65%
Calcio 153mg	12%
Hierro 1mg	3%
Potasio 158mg	3%

Mezcla de Bayas Bañadas en Compota

Las compotas de bayas son excelentes para servir como postres o para hacer más postres. Esta compota se sirve directamente o se usa como relleno de tarta de queso. Todas las bayas se sumergen en una infusión a base de té dulce, menta y naranja.

Tiempo de preparación: 10 minutos

Tiempo de cocción: 10 minutos

Alérgenos: Ausentes

Ingredientes:

- 1/2 taza de agua
- 3 bolsitas de té de naranja pekoe
- ramitas de 34 pulgadas de menta fresca
- 1 taza de fresas frescas, peladas y cortadas a la mitad a lo largo
- 1 taza de frambuesas doradas frescas
- 1 taza de frambuesas rojas frescas
- 1 taza de moras frescas
- 1 taza de arándanos frescos
- 1 taza de cerezas frescas picadas a la mitad
- botella de 1 ml Sauvignon Blanc
- ½ taza de jugo de granada
- 1 cucharadita de vainilla
- ramitas de menta fresca

Instrucciones:

1. Remoje 3 ramitas de menta y bolsitas de té en agua hervida caliente durante 10 minutos en un tazón cubierto.

2. Mezcle todas las bayas con cerezas en otro tazón y déjelo a un lado.

3. Revuelva el vino cocido con el jugo de granada en una cacerola.

4. Agregue el líquido de té colado a la cacerola.

5. Agregue las bayas mezcladas y mézclelas bien.

6. Disfruta.

Información Nutricional

Porciones: 4

Cantidad por porción

Calorías	**356**

	% Valor Diario*
Grasa Totalt 0.8g	**1%**
Grasa Saturada 0.1g	**0%**
Colesterol 0mg	**0%**
Sodio 10mg	**0%**
Carbohidratos Totales 89.9g	**33%**
Fibra dietética 9.4g	**34%**
Azúcares totales 70.8g	
Proteína 2.2g	
Vitamina D 0mcg	0%
Calcio 53mg	4%
Hierro 1mg	7%
Potasio 612mg	13%

Si desea un postre afrutado después de una comida, estas peras asadas con un dulce glaseado de miel son una opción perfecta. Las peras se hornean primero en su propio néctar junto con mantequilla y ralladura, luego se sirven con cremoso de mascarpone y pistachos.

Tiempo de preparación: 10 minutos

Tiempo de cocción: 25 minutos

Alérgenos: Lácteos

Ingredientes:

- 3 peras medianas maduras, peladas, cortadas a la mitad y sin corazón
- 1/4 taza de néctar de pera
- 3 cucharadas de miel
- 2 cucharadas de mantequilla de almendras
- 1 cucharadita de ralladura de naranja
- ½ taza de queso mascarpone
- 1/3 taza de pistachos picados, tostados y salados
- Una cucharada de crema (opcional)

Instrucciones:

1. Deje que su horno se caliente previamente a 400° F (204° C)

2. Extienda la pera en rodajas en una bandeja para hornear con los lados cortados hacia abajo.

3. Vierta encima miel, mantequilla, néctar y ralladura de naranja.

4. Ase estas peras durante 25 minutos en el horno precalentado.

5. Mezcle el azúcar con mascarpone y cubra con ella las peras al horno.

6. Decorar con miel y pistachos.

7. Disfrutar.

Información Nutricional

Porciones: 3

Cantidad por porción

Calorías	**349**

	% Valor Diario*
Grasa Totalt 14.3g	**18%**
Grasa Saturada 8.4g	**42%**
Colesterol 41mg	**14%**
Sodio 108mg	**5%**
Carbohidratos Totales 53.6g	**19%**
Fibra dietética 5.8g	**21%**
Azúcares totales 41.5g	
Proteína 6g	

Vitamina D 5mcg	27%
Calcio 109mg	8%
Hierro 1mg	4%
Potasio 251mg	5%

Tablas de Conversión

Mantequilla o azúcar extrafina	
1 copa	225 g
1/2 copa	115 g
1/3 copa	70 g
1/4 copa	60 g
2 Cda.	30 g

Azúcar granulada, azucar clara o morena	
1 copa	200 g
1/2 copa	100 g
1/3 copa	70 g
1/4 copa	50 g
2 Cda.	25 g

Harina para todo uso o de pan	
1 copa	150 g
1/2 copa	75 g
1/3 copa	50 g
1/4 copa	35 g

Harina de Pastel y Pastelería, Azúcar en polvo, Harina de Arroz o Pan Rallado	
1 copa	130 g
1/2 copa	65 g
1/3 copa	45 g
1/4 copa	32 g

Polvo de cacao, maicena, almendra molida	
1 copa	120 g
1/2 copa	60 g
1/3 copa	40 g
1/4 copa	30 g

Copos de avena, pacanas enteras, nueces enteras	
1 copa	100 g
1/2 copa	50 g
1/3 copa	35 g
1/4 copa	25 g

Otros ingredientes		
Harina de centeno	1 copa	120 g
Mantequilla de maní	1 copa	250 g
Avellanas enteras	1 copa	135 g
Almendras enteras	1 copa	160 g
Almendras laminadas	1 copa	100 g
Migas de Graham	1 copa	225 g
Chips de chocolate	1 copa	275 g
Coco	1 copa	100 g
Pasas de Corinto	1 copa	160 g
Pasas	1 copa	150 g
Arándanos secos	1 copa	140 g
Arándanos frescos	1 copa	110 g
Miel	1 copa	300 g
Melaza	1 copa	260 g
Puré de calabaza	1 copa	250 g
Artículos de Medida Pequeña		
Levadura seca	1 paquete	8 g
Gelatina en polvo	1 Cda.	7 g
Levadura en polvo	1 ctda.	3 g
Bicarbonato de sodio	1 ctda.	5 g
Sal (fina)	1 ctda.	5 g
Canela y otras especias (pimienta de Jamaica, nuez moscada, clavo, etc.)	1 ctda.	3 g
Jengibre recién rallado	1 Cda.	6 g

Conclusión

En la actualidad, existe una diferencia entre la comida sana y la tentadora, es difícil distinguir qué comida es realmente buena para su salud y cuál solo está allí para tentarlo con todos los ingredientes aromáticos. Son opciones inteligentes las que pueden ahorrar y proporcionarle una buena comida en estilos razonablemente sabrosos. La dieta mediterránea también prescribe tal variedad de comida. Tienen que ser más verduras, frutas, carne sin grasa, granos, frijoles, lácteos bajos en grasa y sin azúcares procesados para formar una comida mediterránea completa. Con la dieta, también es necesario un estilo de vida activo y una rutina de ejercicios para obtener los máximos beneficios. La dieta mediterránea simplemente puede establecer su camino para obtener una comida cada vez más saludable, sin embargo, depende de nosotros cómo alterar los hábitos alimenticios existentes según esos estándares establecidos.

Made in the USA
Las Vegas, NV
20 November 2020